Max Büdinger

Die römischen Spiele und der Patriciat

eine historische Untersuchung

Max Büdinger

Die römischen Spiele und der Patriciat
eine historische Untersuchung

ISBN/EAN: 9783744630641

Hergestellt in Europa, USA, Kanada, Australien, Japan

Cover: Foto ©ninafisch / pixelio.de

Weitere Bücher finden Sie auf **www.hansebooks.com**

SITZUNGSBERICHTE

DER

KAIS. AKADEMIE DER WISSENSCHAFTEN IN WIEN

PHILOSOPHISCH-HISTORISCHE CLASSE.

BAND CXXIII.

III.

DIE RÖMISCHEN SPIELE

UND

DER PATRICIAT,

EINE HISTORISCHE UNTERSUCHUNG

VON

MAX BÜDINGER,

WIRKL. MITGLIEDE DER KAIS. AKADEMIE DER WISSENSCHAFTEN.

WIEN, 1891.

IN COMMISSION BEI F. TEMPSKY

BUCHHÄNDLER DER KAIS. AKADEMIE DER WISSENSCHAFTEN.

Druck von Adolf Holzhausen,
k. und k. Hof- und Universitäts-Buchdrucker in Wien.

Ein nicht hinlänglich gewürdigtes Glied in dem Organismus der spätern und der endenden altrömischen Republik war noch vor wenig über einem Jahrzehnt der Patriciat. Der Stellung, welche derselbe fast bis in die Anfänge von Octavian's Alleinherrschaft behauptete, bin auch ich in einigen Untersuchungen nachgegangen,[1] welche in der vorliegenden ihren Abschluss erhalten.

Es war in denselben dies in der Universalhistorie so unvergleichlich dastehende und so befruchtend wirkende Institut des Patriciates zunächst derart betrachtet worden, dass die Befugnisse sich feststellten, welche derselbe behauptete oder geltend machte in den Kämpfen um den Machtbesitz gegen die Ansprüche der rednerisch und literarisch am lebhaftesten durch Cicero vertretenen Verbindung von italischen Neubürgern mit hauptstädtischen Plebejern alten Bürgerrechtes. Da zeigte sich, wie die social-politische Ueberzeugung der Menschen weit mehr als diese Plebejerverbindung voraussetzte oder jemals zugestehen mochte, vielmehr den aus ferner Vorzeit stammenden Ansprüchen des Patriciates entgegenkam.

---

[1] CP (= ‚Cicero und der Patriciat'. Denkschriften der kais. Akademie XXXI). PF (= Der Patriciat und das Fehderecht in den letzten Jahrzehnten der römischen Republik. Denkschriften XXXVI). CAT (Catull und der Patriciat. Sitzungsberichte der kais. Akademie CXXI). Die beiden ersteren Abhandlungen citiere ich nach den Separatausgaben.

Dann zeigte sich, dass der Geltendmachung patricischen Fehderechtes sich so viele kampfgeübte Arme boten, dass, nachdem Sulla zuerst diesen Weg beschritten, der ältere Lepidus, Catilina und Clodius den Staat nur als Beutestück in Anspruch genommen hatten, Caesar mit seinem patricischen Götterursprunge eine wahrhafte, bis heute nachwirkende Monarchie begründen konnte.

Neben dieser politischen, von den eben erwähnten zwei Gesichtspunkten zu betrachtenden Ueberlegenheit des Patriciates machte sich aber -- und schon in der Erwägung von Cicero's Briefen und Reden — eine andere rein sociale geltend, welcher nachzugehen Catull's Lieder einen gar anmuthigen und trotz allen Sinnenscherzes reinen Spiegel boten.

Noch blieb der sicherste Rückhalt des Patriciates, die unter rein sacralen Formen sich darstellende Berechtigung desselben, in ihrer Bekämpfung durch die Plebejer da zu erörtern, wo die Gesammtheit des römischen Volkes sich unter besonderm Götterschutze zur Wettfeier zusammenfand. Mit der Lösung dieser Aufgabe will ich meinen Antheil an dieser Forschung für geschlossen halten.

Wie aber in den beiden letzten Untersuchungen, so möge der geneigte Leser mir auch in der gegenwärtigen gestatten, Ergänzungen des früher Vorgetragenen darzubieten.

Für diesmal erlaube ich mir, mit solchen Nachträgen zu beginnen, um eine Darlegung nicht zu unterbrechen, welche doch nur in vollem Zusammenhange zu einem Ziele geführt werden kann.

§ 1. Zu Catull's achtundsechzigstem Gedichte.

Es ist in der die sociale Ueberlegenheit des Patriciates auch aller plebejischen Nobilität gegenüber behandelnden Untersuchung Gewicht auf das richtige Verständniss von Catull's achtundsechzigstem Gedichte gelegt worden.[1] Wie eine nicht eben grosse Anzahl ciceronianischer Aeusserungen und weit aufklärender als diese, führt das Gedicht in die Position ein,

---

[1] CAT 24 bis 32. Die im Texte gebotene Ergänzung schliesst sich oben an das dort auf S. 31 über die drohende Namenschändung in Vers 151 besagte an. Die neueste Literatur über dies 68. Gedicht zu besprechen, wird sich mir vielleicht ein anderer Anlass bieten.

welche ein hochbegabter und edelgearteter Provinciale — nicht unmöglicher Weise selbst halbvergessener patricischer Abkunft[1] — in einem patricischen Hause der Hauptstadt einnahm. Es zeigte sich das Gedicht entstanden, um einen befreundeten Patricier, einen Manlius Torquatus mit seiner jungen Gemahlin wieder auszusöhnen, welcher der Dichter grosse Hochachtung widmet. Er stellt unter Anderm gegen den Schluss dieses in Distichen zu Verona geschriebenen Briefes dem Ehepaare vor, ‚sie mögen Beide nicht wegen dieses und jenes Tages — ärgerlichen Ereignisses — auf einen solchen Namen schäbigen Rost, d. h. des öffentlichen Scandales, bringen'.

Nun ist mir von befreundeter Seite bemerkt worden, dass diese Erklärung einer Ergänzung bedürfe, da ich mich über einige Verse im ersten Drittel des Gedichtes, welche eine ganz abweichende Auffassung zuliessen, nicht geäussert habe. In der That habe ich mich gescheut, ein so lückenhaftes Gebiet wie das dieser Verse zu betreten, will aber nun doch so weit es mir überhaupt möglich scheint, die Sache zur Erledigung bringen.

Es handelt sich um die Verse 47 bis und mit 50. Ich glaube auf diesem staubigen Tummelplatze der Kritiker und Editoren — denn beide Befähigungen fallen bei Catull mindestens in der zweiten Hälfte des neunzehnten Jahrhunderts nicht oft zusammen — der Sache und dem Leser am besten zu dienen, wenn ich mich bescheide, meine eigene Ansicht der Erwägung vorzulegen und nur gelegentlich von einigen abweichenden neueren Editoren berichte.[2]

Was ich im Anfange dieses Jahres über die Einheit und handschriftliche Ueberlieferung des Gedichtes veröffentlicht habe, darf ich als dem Leser bekannt voraussetzen und habe hier zunächst nur den Zusammenhang zu besprechen, in welchem jene Verse 47 bis 50[3] erscheinen.

---

[1] CAT 21 und 32 § 5.
[2] Gleich hier bemerke ich, dass ich für diesmal die in CAT von den Neueren am häufigsten Citierten — Ludwig Schwabe und Bernhard Schmidt — unerwähnt lasse.
[3] ... Notescatque magis mortuus atque magis Nec tenuem texens sublimis aranea telam Deserto in Manli (so die Klasse o wohl ausnahmslos, vgl. CAT 25 und 27) nomine opus faciat. Die von den ‚Alius'- und

Der Dichter erklärt, bei seiner Trauer um den Bruder und bei momentan beschränktem Büchervorrathe des fürstlichen Freundes Wunsch nach selbständigen erotischen Versen gar nicht und den nach griechischem Muster gebildeter Poësie nur in beschränktem Masse erfüllen zu können. Um so bereitwilliger erkennt er jedoch die vielfachen Verpflichtungen an, welche er gegen Manlius habe und welche er auch für die folgenden Jahrhunderte verkünde. Hierauf geht die Anrede in den für beide Ehegatten passenden Plural über; Catull richtet an sie die Mahnung über dieses zu ihrer Versöhnung bestimmte, des Dichters erwähnte Entschuldigung und die Bekenntnisse seiner Dankbarkeit enthaltende Gedicht möglichst Vielen mitzutheilen; durch die hiedurch zu gewärtigenden Abschriften werden sie auch ihrerseits sich indirect eine ferne Zukunft sichern. Wörtlich lautet dies: ‚Zu Euch will ich sprechen; Ihr sagt es weiter für viele Tausende und bewirkt, dass dieses Blatt als Greisin redet'.[1]

Vers 47, welcher nun als Hexameter des nächsten Distichon folgen sollte, fehlte — vielleicht wirklich als Endvers einer Seite — schon in der Veroneser Grundhandschrift unsrer heutigen Ueberlieferung und daher in allen Abschriften.[2] Die drei nächsten Verse aber haben, gleich jener früher aus Vers 151[3] erwähnten Warnung des Ehepaares: ‚dass Manlius

‚Allius'-Freunden seit den Schreibern von G und O beliebte Lesart In deserto Ali oder Alli habe ich nach den in CAT 26 f. über den Namen gegebenen Nachweisungen nicht noch einmal zu berühren.

[1] Sed dicam vobis, vos porro dicite multis Milibus et facite haec charta loquatur anus. Vers 45 und 46. In der Inhaltszusammenfassung des ganzen Gedichtes CAT 31 habe ich das an das Ehepaar gerichtete Verlangen durch ‚möget' statt des Indicativ andeuten müssen.

[2] R. Ellis hat in der zweiten Edition (1878) p. 172 die handschriftliche Gestaltung der Lücke wohl am besten zusammengestellt. Der durch seine so liebenswürdige als getreue Wahrhaftigkeit (praefatio p. XI sq.) den Leser fesselnde Herausgeber hätte dann aber seine — ich denke irrige, ob auch von Anderen getheilte — Meinung, dass vor Vers 48 nicht nur der notorisch ausgefallene Hexameter, sondern auch noch ein weiteres Distichon fehle, also drei Verse ausgefallen seien (p. 172, prolegomena XXXVII), einigermassen begründen sollen.

[3] Die Zusammengehörigkeit des doch wohl zu den drei Versen ausgesprochenen Gedankens mit Vers 151 bemerkt schon zu Vers 50 Alex. Riese's Ausgabe (1884), die bei ihrer Bemühung (S. III) nur das Gedicht

seinen Namen vor der Berührung schäbigen Rostes sichere' wahrscheinlich dieselbe Bestimmung. Nur werden hier, da die edlen Eigenschaften der hohen Dame noch nicht gerühmt sind wie an jener spätern Stelle, die warnenden Worte an Manlius allein in dem Sinne gerichtet, er möge nicht über seinen Tod hinaus seinen Namen mit so dichtem Spinnengewebe decken, dass der Manliername zu einem gemiedenen werde.[1] Mindestens das vollständig erhaltene Distichon Vers 49 und 50 passt zu dieser Deutung: ‚und es möge nicht die, ihr zartes Gespinnst webende, schwebende Spinne über Manlius' gemiedenem Namen ihr Werk thun'; aber der vorhergehende Pentameter ‚und bekannt werde mehr und mehr der Todte' ist doch nur dann mit dieser Deutung zu vereinigen, wenn man annimmt, der ausgefallene Hexameter habe den Inhalt gehabt: ‚Hüte Dich, dass dieser Zank (etwa livor) sich über unser Leben hinaus verewige, gleichsam als einziger den glorreichen Manliernamen Ueberlebende'.

Vielleicht haben aber die Verse auch den Sinn gehabt, die aus nichtigen Gründen geplante Scheidung des fürstlichen Paares könne bewirken, dass man nach des hiedurch zum bleibenden Gespötte gewordenen Manlius Tode nur auf das feine und doch nichtige Spinnengewebe dieses Scheidungsscandales achten werde.

Auch die Möglichkeit ist in Erwägung zu ziehen, dass die vier Verse ein Citat aus Manlius' Briefe, etwa mit einem Drohworte der gekränkten Gemahlin, enthalten haben.

Dagegen scheint mir die Erklärung zurückgewiesen werden zu müssen, welche annimmt, Catull habe mit einem selbst bei solchem Genius anmasslichen und daher dem guten Geschmacke widerstreitenden Selbstgefühle dem Freunde die Unsterblich-

---

zu einer Zerlegung in drei Gedichtbriefe (S. 219) gelangt ist. Trotz einzelner Worterklärungen sieht man übrigens nicht, wie Riese die in Frage stehenden Verse 47 bis 50 versteht.

[1] Emil Baehrens hat in seiner Edition (1876), welche die Theorie der Zweitheilung des Gedichtes verfolgt, dem 48. Verse die Wendung gegeben, dass Catull von seiner dichterischen Macht, den Adressaten für immer berühmt zu machen rede und hienach die beiden folgenden in seiner Erklärung 504 f. gestattet. Vor der ganzen hier zu Grunde liegenden Auffassung glaube ich im Texte warnen zu sollen.

keit durch diese Elegie ganz direct voraussagen und eine Garantie geben wollen, dass kein Spinnengewebe den Namen, das hiesse: kein Moder den Nachruhm des edlen Geschlechtes verderben könne. Man wolle sich nur den Eindruck vergegenwärtigen, den eine ähnliche Anmassung, selbst Goethe's dem weimarischen Fürsten gegenüber, bei Zeitgenossen und späteren Geschlechtern hinterlassen würde.

Der geneigte Leser dürfte aber jetzt nicht missbilligen, wenn ich bei der Erforschung Catull's als Künders der socialen Stellung des altrömischen Patriciates der endenden Republik diese lückenhafte, mit unsrer handschriftlichen Ueberlieferung nicht sicher zu deutende, Stelle lieber übergangen habe.

§ 2. Sallust's Verhältniss zu Catull.

Eduard Wölfflin hat, worauf mich die Güte des auch auf unserm Gebiete so kundigen Verfassers aufmerksam macht, zuerst auf dies auch für die sociale und selbst die staatsrechtliche Würdigung des Patriciates wichtige Verhältniss hingewiesen. Im Jahresberichte für classische Philologie von 1873 (I, 1662) bemerkt derselbe nämlich, dass Sallust im Catilina (14, 2) sein ‚impudicus, ganeo, aleo' Catull's neunundzwanzigstem Gedichte (Vers 2) ‚impudicus et vorax et aleo' entnommen haben dürfte.

Durch briefliche Mittheilung hat mich derselbe viel bewährte Sachkenner auf die nachfolgende weitere Thatsache freundlichst hingewiesen, welche neuer Forschung eine Bahn auf dem in dem Titel dieser Paragraphen genannten Gebiete eröffnet. In ‚Sallust's Catilina 20, 6 hat der vorzügliche Codex Vaticanus, welcher nur die Reden enthält: in dies magis magisque animus accenditur. Dass Sallust hier und Catil. 5,7 auch Iugurtha 7,6 so pleonastisch geschrieben hat, zeigt sein Nachahmer Dictys Cretensis 1,19: in dies magis magisque, ebenso 3,3. Auch Spartian ist Sallustianer. Helius 6: in dies magis magisque (wie Spart. Geta 6: quod dictum altius in pectus Bassiani descendit = Sallust: Iugurtha 11,7; Spartianus Caracalla 6,6: cum ad requisita naturae discessisset = Sallusti hist. fragmenta incerta 54 Dietsch) vgl. Paneg. Bähr. 8,4 und Apul. metam. XI, 21: in dies magis magisque. Ich kenne die Redensart sonst nur noch aus Catull 38, 3: magis magis in dies; also mit altem Asyndeton, wie „ultro citro" neben „ultro citroque", was an dem Pleonasmus natürlich nichts ändert'. ‚Nun ist ja klar, dass Sallust aus Catull schöpfte, nicht umgekehrt. Aber auch stilistisch ist nur diese Annahme möglich. Das archaische Asyndeton „magis magis" hat Catull auch 64, 274: Post vento crescente[1] magis magis increbescunt[2] (Aristophan. Ran. 1001. Eurip. Iphig. taur. 1406 μᾶλλον μᾶλλον[3]). Die lateinische Prosa, die uns erhalten ist, hat die Redensart' — wie Catull selbst 68, 48, vgl. oben S. 3 Anm. 3 — ‚der Neuzeit angepasst in den Formen: magis magisque, magis et magis, magis ac magis. Nun ist ja leicht begreiflich, dass Sallust die catullianische Phrase, die er einem Redner in den Mund legt, nach dem rednerischen Stile abänderte, unbegreiflich aber, dass Catull die von Sallust geschaffene Formel zurückgeschraubt hätte. — Möglich ist übrigens, dass Sallust Cat. 20,6 schrieb: Ceterum mihi in dies magis magis accenditur animus, dass in unseren Handschriften das eine magis ausfiel, die Vorlage des Sammlers der Reden aber noch magis magis hatte, was jener Grammatiker durch angefügtes que glätten wollte. Denn das ist die Bedeutung der Ueberlieferung der Reden im Vaticanus: das Urexemplar war vorzüglich; doch sind eigenmächtige Eingriffe des Grammatikers, der in seiner Schule keine verworfenen Redensarten duldete, nicht zu verkennen'.

Die hier geltend gemachte und mit Recht abgewiesene Schwierigkeit, dass man doch auch an eine Benutzung von Sallust's Catilina durch Catull denken könne, erledigt sich, wie mich dünkt, durch den im nächsten Paragraphen zu führenden Nachweis, dass die Schrift über Catilina im Jahre 40 v. Chr. entstanden ist; die von Wölfflin entdeckten Citate aber beweisen nicht nur, dass jene Gedichte dem grossen Geschichtschreiber in Erinnerung blieben, sondern auch, dass Catull selbst bei ihm in genügender Achtung stand, um dessen Gedankenformen zu verwerthen.

---

[1] ‚An gliscente? cf. Sallust. Hist. III fr. 35 Kritz?' Ellis 139. Ich denke, dass man die Frage zu verneinen hat.

[2] Der verstorbene Baehrens scheint nach den Bemerkungen zu Gedicht 38,3, S. 220 und zu Gedicht 64, 274, S. 426 auf richtigem Wege der Untersuchung gewesen zu sein, die er aber zu früh abgebrochen hat.

[3] Riese a. a. O. 184 hat dieses Doppelcitat, ohne seine Consequenzen zu ziehen.

Anders als mit der Abfassungszeit von Sallust's Catilina und der, soweit ich zu sehen vermag, nur minder präcis, nämlich zwischen das Jahr 42 und des Historikers Tod, bestimmbaren definitiven Composition der Schrift über Iugurtha steht es mit der Entstehung der kunstreichen Reden, welche auf uns als Excerpt aus den Historien gekommen sind. Sobald man ihnen vergleichend näher tritt, bemerkt man zunächst, in welch heiterer, ja übermüthiger Laune sie von ihrem genialen Autor gearbeitet sind. Man sieht die psychologische und beinahe physiognomische Charakterisierung mit solcher Meisterschaft und mannigfachen Rücksichtnahme auf Abhebung der individuellen Eigenthümlichkeiten in der einen Rede durch die andere geübt, dass man sich zuweilen wie vor einem Räthsel der Komödie befindet. Ich denke, dass, was wir hier als Excerpt aus den Historien lesen, die Metamorphose durchgemacht hat, ursprünglich als rhetorische Bildergruppe gearbeitet und erst nachträglich in das, nach den Fragmenten doch mit gar viel mühseligem Detail überladene und wohl deshalb nicht allzuviel gelesene Werk der Historien aufgenommen wurden.

Ist nun eine solche Annahme begründet, so steht nichts im Wege, die Entstehung dieser Reden in die fünfziger Jahre des ersten vorchristlichen Jahrhunderts zu setzen und einen Verkehr Sallust's mit Catull, etwa in Sestius' oder schon dessen Mutter Postumia gastfreiem Hause [1], anzunehmen. Von diesem Gedanken aus würde vielleicht eine Einwirkung Sallustischen Geistes auf Catullische Muse zu finden sein — eine Einwirkung, die sich meiner Bemühung bisher noch verschlossen hat.

Da aber in dem Texte dieser Abhandlung vom Fehderechte kaum mehr die Rede sein wird, so möge mir in Ergänzung und Correctur der zweiten hieher gehörigen Untersuchung [2] noch zu bemerken verstattet sein, dass die auf Grund des Fehderechtes von dem Consul Antonius ausgehobenen Veteranencohorten [3] die förmliche Proclamierung des Tumultus, d. h. des

---

[1] CAT 37. Riese 52 meint: ‚Postumia kann kaum ein vornehmer Name, etwa einer Freundin der Clodia, sein'!

[2] PF. 39 f.; 42, 45, Anm. 6.

[3] C. Antonius pedibus aeger, quod proelio adesse nequibat, M. Petreio legato exercitum permittit. Ille cohortis veteranas, quas tumulti causa conscripserat, in fronte . . . locat. 59, 3.

Fehdezustandes durch den Senat gegen die in Waffen stehenden Patricier anzunehmen nöthigen.

§ 3. Die Abfassungszeit von Sallust's Catilina.

a) Sallust's literarischer Entschluss.

In tiefem und rücksichtslosem Unmuthe und doch mit einiger Sicherheit, dass seine verletzenden Aeusserungen ungeahndet bleiben, äussert sich Sallust in der Einleitung zu dem eigenartigen Kunstwerke über den Iugurthinischen Krieg[1]. Unter den Geisteskünsten, welche höchste Berühmtheit bringen können, tritt ihm, seiner Vergangenheit entsprechend, die Politik entgegen. Mindestens ebensosehr sich selbst als dem Leser — und sich selbst wohl aus naheliegenden Gründen entgegengesetzter Lebensführung — hatte er eben erst den einzigen bleibenden Werth geistiger Bethätigung gegenüber dem Sinnengenusse und der Ueppigkeit vorgeführt. Nunmehr sagt er sich und uns ganz unbefangen, dass ihm, wenn er in sinnlichen Freuden und dem Behagen eines mit verschwenderischer Pracht ausgestatteten Dascius[2] sein besseres Selbst nicht völlig verlieren wolle, doch auch die Politik in der gegenwärtigen Weltlage keine Anziehung biete. So wendet er sich, als einem eminent erspriesslichen Zweige geistiger Thätigkeit, der Vergegenwärtigung von Geschehnissen zu — er sagt sich und uns nicht einmal, ob diese memoria zu historiographischer Leistung führen werde. Blasirt und mit wegwerfend gähnender Bescheidenheit fügt er hinzu, dass Andere hinlänglich über die Bedeutung dieser Beschäftigung geredet haben, er auch nicht anmassend erscheinen wolle, indem er sein dermaliges Thun lobend erhebe.

---

[1] In der Darlegung der chronologisch erheblichen Theile dieser Einleitung habe ich in folgender Ordnung den Text wiedergegeben, mit den Paragraphentheilungen der Edition von Jacobs-Wirz (Weidmann 1881): 2,4; 2,1—4; 3,1a; 4,1—7; 4,9; 5,1b und 2; 3,1b bis zu Ende; 4,7 und 8; 5,1a und 3a.

[2] (Καῖσαρ) τοὺς Νομάδας . . . τῷ Σαλουστίῳ λόγῳ μὲν ἄρχειν, ἔργῳ δὲ ἄγειν τε καὶ φέρειν ἐπέτρεψεν. Dio Cassius XLIII 9, 2. Unde tantum hic exhausit, quantum potuit aut fide hominum transjici aut in naves contrudi. (Ciceronis) in Sallustium 7,19.

Ohnehin wisse er, dass sein Entschluss der Enthaltung von der Politik und der Hingabe an ein so anstrengendes als förderliches Studium ihm den Vorwurf des Nichtsthuns zuziehen werde. Er meint, diesen Vorwurf gerade von solchen zu vernehmen, welche es für äussersten Fleiss halten, durch Umschmeichelung des Haufens und Erscheinen bei den Gesellschaften der Machthaber sich Gnade zu erwerben. Diese Herren ersucht Sallust erwägen zu wollen, in wie gefahrvollen Zeiten — denen der Gründung von Caesar's Weltmonarchie — er seine glänzende politische Laufbahn durchschritten habe, während so mancher bedeutende Mann sich vergeblich um dieselben Ziele bemühte. Der Geschichtschreiber macht ferner geltend, aus welchen Gesellschaftsclassen (genera hominum) die Collegenschaft im Senate vermehrt worden sei. Selbst diese Tadler werden dann zugestehen müssen, dass aus Sallust's Musse dem Staate mehr Vortheil erwachse, als aus Anderer Geschäftigkeit.

In unserer heutigen Zeit, in welcher so viele fürstliche Männer und Frauen mit historischen Arbeiten hervortreten, berührt es seltsam, von diesem zu Ehren und Reichthum aufgestiegenen Plebejer eine Entschuldigung für seine historiographische Thätigkeit zu vernehmen. Zwei patricische Feldherren, Fabius Maximus und der ältere Scipio Africanus und ‚neben ihnen‘, wie zur Entschuldigung dieser patricischen Namensnennung, ‚hochberühmte Männer unserer Bürgerschaft‘ führt er an, von welchen er gehört habe, dass sie aus der Vergegenwärtigung der Thaten ihrer Vorfahren den Antrieb zu ihrem eigenen ruhmvollen Wirken empfangen hätten. Seinerseits habe er sich in aller Freiheit gestattet, seinen ‚tiefen Abscheu‘ vor dem gegenwärtigen Charakter des Staates oder auch nur der Bürgerschaft — wie später mit denselben Worten (95, 4) vor Sulla's Gewaltherrschaft — Ausdruck zu geben, ehe er zu dem eigentlichen Gegenstande schreite. Den Iugurthinischen Krieg habe er aber theils wegen seiner inneren Bedeutung zur Darstellung gewählt, theils auch weil damals zuerst ‚dem Hochmuthe der Nobilität entgegengetreten wurde‘, somit der Kampf begann, welcher endlich zur Verödung Italiens geführt habe. Es ist durchaus Caesar's Auffassung von der Nothwendigkeit, die selbstsüchtige Herrschaft der plebejischen Nobilität zu beseitigen, eine Auffassung, welche derselbe mit seinem Blute besiegelt hat.

b) Sallust's politische Empfindung.

Uebersicht man hier die Gedankenrichtung des Schriftstellers, so bemerkt man bald, dass ihm jede Abweichung von der alle lebendigen Kräfte frei zusammenfassenden patricischen Monarchie Caesar's Unwillen erweckt. Das mässigende und politisch Vorhandenes schonende, jeglich Behagen fördernde und überall Verbündete suchende, plebejisch anspruchslos auftretende und zur Sicherung der Herrschaft doch keine Grausamkeit scheuende, sich eben entwickelnde Regiment Octavian's in Italien ist ihm gänzlich antipathisch.

Jetzt wird ‚dem Verdienste keine Ehrenstelle zu theil und wer solche inne hat, ist nicht gesichert und vollends nicht ehrenhafter. Denn despotisch (vi) Vaterland oder Unterthanen zu regieren, auch wenn man es vermag und Verbrechen — wie Caesar's Mord — strafen kann, ist misslich, vornehmlich weil alle Aenderungen der Staatsverfassung (rerum) Mord und Exil und andere Kriegsfolgen ankünden. Aber sich vergeblich anstrengen und nichts anderes bei solchem Abmühen als Hass suchen ist äusserste Thorheit; es sei denn, dass Jemanden die unehrenhafte und verderbliche Neigung erfüllt, einer Oligarchie die eigene Würde und seine Freiheit hinzugeben'.

Wie man sieht, ist auch das Triumvirat sammt seinen Proscriptionen und dessen gelegentlicher Bund mit Sextus Pompejus nicht die Regierungsform, welcher Sallust dienen möchte.

Im Gegensatze zu jenen patricischen Feldherren und anderen ‚Hochberühmten' kennt er Zeitgenossen und wohl in nicht geringer Zahl, welche ‚durch Reichthümer und Aufwand, nicht durch Tüchtigkeit und Anstrengung mit den Vorfahren wetteifern; dazu suchen ahnenlose Leute, welche ehedem durch Tugend den Adel zu übertreffen pflegten, verstohlen und eher räuberisch als mit redlichem Bemühen zu Commandos und Ehrenstellen zu gelangen, als ob Prätur und Consulat', welches letztere der einstige Proconsul Sallust doch nicht erreicht hat, ‚und all Derartiges' – – er denkt wohl zunächst an den auch Cicero versagten Triumph — ‚etwas an sich Rühmliches und Auszeichnendes seien und nicht eben gerade so viel bedeuten, als der Werth derer, welchen sie zu theil werden'. Das wäre läppisch, wenn nicht bestimmte uns unbekannte, nach des Autors Meinung Unwürdige gemeint wären.

c) Verhältniss zu Thukydides.

Begleiten wir noch auf einige Schritte den Gedankengang des Geschichtschreibers, ehe wir das Ergebniss über die Abfassungszeit ziehen.

Er ruft sich in seinem Widerwillen gegen den momentanen Charakter der Regierungsform, wie er sagt: ‚der Bürgerschaft' zu der frei übernommenen Pflicht historischer Darstellung zurück. Es geschieht mit Wendungen über die Gründe weiteren Rückblickes, welche auch ihrerseits an Thukydides' Einleitungen erinnern, wie man ja thukydidëische Studien Sallust so vielfach nachgewiesen hat. In der That braucht man nach Quintilian's Worten (X, 1, 101) nicht Scheu zu tragen, ihn und eigentlich· ihn allein, mit Thukydides zu vergleichen.

Mit einer auch für uns noch fühlbaren Anstrengung reisst er sich von der Gegenwart los, um, dem griechischen Autor nachstrebend, sich Begebenheiten und Reden in möglichst wahrhaftiger Wiedergabe zu vergegenwärtigen. Aber zweierlei unterscheidet doch, wie mich dünkt, diesen mächtigen Geist von seinem Vorbilde, wenn auch Sallust von Tacitus mit Recht als der gestaltungsreichste römische Geschichtschreiber (florentissimus autor) gepriesen werden konnte.

Sallust hat sich, obwohl wir ein Paar Catulleitate erwähnten und sich diese und jene poëtische Reminiscenz auch bei ihm findet,[1] keineswegs mit den grossen Schöpfungen der Poësie durchdrungen. Ganz und gar ist sein politisch-militärischer Geist auf Menschengeschick und Menschenbeobachtung gestellt; in der Menschenkenntniss, vollends der gebildetsten Gesellschaft, zeigt seine Darstellung namentlich in der Mimik der Reden zuweilen eine feinere Abtönung, als sie dem in zwanzigjährigem Exil lebenden Thukydides selbst bei ihm so bekannten Persönlichkeiten, wie den Leitern der Vierhundert, — Phrynichos und Antiphon ausgenommen — gelungen ist. Aber dieser Vorzug wird von einem, für die gegenwärtige Untersuchung freilich erwünschten, doch sehr erheblichen Mangel ausgeglichen.

---

[1] Esse quam videri bonus malebat 54, 5 von Cato gesagt ist aus Aeschylus' Sieben gegen Theben v. 574: οὐ γὰρ δοκεῖν ἄριστος, ἀλλ᾽ εἶναι θέλει.

Dieser römische Beamte hat sein gelegentlich zuchtloses Leben auch als Schriftsteller nicht verwinden können. Es mag doch hier angedeutet werden, dass er in vollem Gegensatze zu Thukydides' keuschem Sinne sexuelle Dinge mehr und eingehender als irgend zulässig erwähnt.

Und ebenso steht er der urkundlichen Ueberlieferung nicht mit ganz keuschem Verständnisse gegenüber.

Da hat er (Iugurtha 30, 4) eine Sammlung von Memmius' Reden vor sich, aus welcher er ganz nach thukydidëischer Oekonomie dem Leser eine die Situation durchaus erhellende Probe vorzulegen nicht verfehlt. Aber selbst hier hat er sich nicht ganz versagen können, Klagen, die durchaus nur seiner Zeit angehören, vergnüglich einzuflechten.[1]

Aber für die Abfassungszeit dieser Schrift lässt sich doch eben nichts Bestimmteres sagen, als dass sie zwischen das Jahr 42 und Sallust's Todesjahr gehört, da er schwerlich noch von Sextus Pompejus' Ende vernehmen konnte.

Herrn Professor Eduard Wölfflin's gütiger Mittheilung danke ich auch die Beobachtung, dass in Sallust's Iugurtha 8, 2 pro contione aus bellum Africum 19, 3: dicere pro contione entnommen, also nach diesem geschrieben sei, da Cicero und Caesar nur sagen: in contione dicere, Asinius Pollio aber (Cic. epist. X, 31, 5 und Seneca suas. 6, 15) zuerst den neuen Terminus gebraucht.

Ich denke aber, dass man sich die Einleitung und diese Eigenthümlichkeit der Schilderung der jugurthinischen Kriege gegenwärtig halten soll, um der Abfassungszeit der Schrift über das ‚bellum Catilinae' (Wölfflin, Archiv I, 277) näher zu treten.

d) Sallust als Staatsbeamter.

Des Schriftstellers eigenes so schweres Emporkommen, über welches er auch gelegentlich ausdrücklich[2] klagt, tritt

---

[1] Am stärksten ist 31, 13 (ed. Dietsch I, 264) pars eorum occidisse tribunos plebei (das ist nicht der bis dahin einzig umgekommene active Tribun Tiberius Gracchus) alii quaestiones iniustas, plerique caedem in vos fecisse (nicht im Jahre 111 oder kurz vorher, aber 43 und 40 v. Chr.) pro munimento habent. Ita quam pessume fecit, tam maxume tutus est.

[2] Cat. 3, 3 bis 4, 3.

uns in bitteren Worten gegen die herrschende Nobilität entgegen, deren früheste Bekämpfung ihm in der zu einem Theile wohl gleichzeitig mit der andern entstandenen Schrift über den jugurthinischen Krieg so viel Vergnügen gewährte. Hier aber sagt er uns,[1] wie gar widerwillig und nur, weil sie sich in Gefahr glaubte, die Nobilität den ahnenlosen Cicero, den er hier einmal einen ‚vorzüglichen Menschen' nennt,[2] zum Consulate zuliess, dessen Besitz sie ihm ‚in brausendem Neide' und weil die Würde durch den Neuling ‚gleichsam befleckt' werde, entschieden versagt hatte; ‚als aber Gefahr herankam, blieben Neid und Hochmuth zurück.' Nicht ohne Genugthuung erzählt er, wenn ein Theil der Nobilität gefällt wird, sei es auch durch Hinrichtung,[3] doch am liebsten in offener Feldschlacht, wie er auch bei der Vernichtung des catilianischen Heeres die wohl von ihm selbst in Afrika kennen gelernten schmerzlichen Empfindungen nach einem Siege im Bürgerkriege am Schlusse dieser Schrift ergreifend schildert.

c) Sallust's authentische Nachrichten.

In dieser Grundstimmung lässt der Geschichtschreiber alle Angehörigen der Nobilität, sowohl die, welche an den Verschwörungen Catilina's betheiligt waren, als ihre Gegner, vor seinem geistigen Auge wieder erscheinen, wie er sie vor mehr als zwei Jahrzehnten in seinen Jünglingsjahren wohl sämmtlich gesehen hat. Ganz abgesehen von so vielen im Senate vorgelegten oder aufgezeichneten oder, wie bei den Reden und Verhandlungen, in Notizen überlieferten Acten, und ferner ganz abgesehen von offenkundigen aus Cicero's und Anderer

---

[1] .. antea plerumque nobilitas invidia aestuabat et quasi pollui consulatum credebant (Sallust hat das an sich selbst erfahren!), si eum quamvis egregius homo novus adoptus foret. Sed ubi periculum advenit, invidia atque superbia post fuere. Catil. 23 am Ende.

[2] Ich weiss nicht, ob der Spott schon bemerkt worden ist, mit welchem er Cicero's Quousque tandem lächerlich macht, indem er 20, 9 die Priorität für Catilina in Anspruch nimmt.

[3] Bei dem Prätor Lentulus Erdrosselung ex gente clarissuma Corneliorum (55, 6), obwohl von den übrigen dann genannten Hingerichteten Cethegus derselben patricischen Gens angehörte. Vgl. CP 21, Anm. 12.

Feder¹ Jedermann kundgewordenen Thatsachen, war Sallust in der Lage, ganz intime Nachrichten mitzutheilen, über deren Vermittlung er nur selten Auskunft gibt. So erzählt er (23, 4) dass eine Dame der plebejischen Nobilität, Fulvia, durch unerlaubte Beziehungen zu einem der Verschworenen über Catilina's Absichten allerhand erfuhr und ohne Nennung des Schwatzhaften Mehreren (compluribus) mittheilte, auch (28, 2) Cicero rechtzeitig warnte, der sich ihrer Hilfe (26, 3) versichert hatte. Wir dürfen annehmen, dass der junge Sallust zu diesen vermuthlich in Fulvia's Hause Verkehrenden gehörte.

Eine andere, mit Catilina unmittelbar befreundete Dame schildert er (c. 25 und 40) aus so genauer Kenntniss ihrer Erscheinung, ihrer gelehrten Beschäftigungen, künstlerischen Fertigkeiten und mannigfachen Befähigungen, dass man auch zu dieser Sempronia gesellschaftliche Beziehungen des emporstrebenden jungen Sabiners annehmen darf. Man kann sogar sagen, dass sein Tadel ihrer ganzen moralischen Lebensführung, speciell ihrer zu grossen Fertigkeit in Musik und Tanz, ihrer Witzworte und Liebschaften, ihrer gelegentlichen Treulosigkeiten und ihrer Verschwörungskunde auch gegen Caesar, das Mass alter gesellschaftlicher Verpflichtung nicht eigentlich übersteigt. Wenn er sie in diesem Zusammenhange neben Hochverräthern mit seiner bewunderungswürdigen Kunst zu charakterisiren für erlaubt hielt, so mag dazu mitgewirkt haben, dass sie die Mutter des zweiten Adoptivpatriciers unter den Caesarmördern, des den Caesarianern besonders verhasst gewordenen Decimus Brutus Albinus gewesen ist. Ganz und gar gehört sie, obwohl durch Geburt zur plebejischen Nobilität, dem von dem Dichter² so anmuthig geschilderten Kreise patricischen gesellschaftlichen Damenlebens an. Aber auch eine zweite für unsere Zwecke wichtige verwandtschaftliche Beziehung der Dame bleibt zu erwägen. Eine andere Sempronia, möglicher Weise ihre Verwandte, vielleicht gar ihre Schwester, war Fulvia's Mutter und bei ihres Eidams Clodius Tode im Jahre 52 noch am Leben.³

---

¹ (Cicero) postea scriptam edidit (orationem) 31, 6. Scrinium cum literis ... eodem (inseratum) ad ferre jubet 46, 6. Sed mihi multa legenti, multa audienti .... 53, 2.
² CAT. 31—39.
³ Drumann, Geschichte Roms II, 37, 1.

In diesem Falle wäre Catilina's Freundin Sempronia Fulvia's und durch deren dritte Ehe Marcus Antonius' Verwandte.

Andere Nachrichten dürfte er als Statthalter von Numidien von jenem Abenteurer Publius Sittius aus Nuceria erfahren haben, den Caesar nach seinem Siege in Afrika dort ansiedelte und der zu Catilina's vertrauten Theilnehmern (21, 3) gehört hatte. Zuweilen gibt Sallust, ohne eigenes Urtheil hinzuzufügen, Nachrichten (14, 7; 17, 7; 22, 1, 3 und 4), wie sie ihm in jener Verschwörungszeit zukamen; ausdrücklich erwähnt er (48, 9) eine bemerkenswerthe Aeusserung, welche er aus Crassus' Munde gehört hat, ohne sein eigenes Urtheil durch dieselbe zu binden.

f) Vorführung von Patriciern in Sallust's Catilina.

Auf den Stand der Betheiligten aufmerksam zu machen unterlässt er fast nie. Den gesprächigen Vertrauten jener Fulvia, einen — wie später Sallust selbst — wegen seines Lasterlebens aus dem Senate gestossenen Curius, bezeichnet er als „gar nicht geringer Herkunft',[1] was ja auch eine sehr vornehme bedeuten kann. Im Uebrigen bringt er, wie es scheint: ohne viel Schonung für Ueberlebende oder Verwandte, die Liste der hervorragendsten zum Theile unbestraften Theilnehmer an der Verschwörung. Man würde die Namen bei Cicero, der manche Rücksichten nehmen musste[2] und noch mehr Rücksichten nahm, vergeblich suchen, wie denn hier bei Sallust c. 17 unter anderen Patriciern namentlich zwei Cornelii Sullae erscheinen. Catilina's eigentlicher Mitcommandirender im Felde — denn die beiden Cornelier Lentulus Sura und Cethegus hatten nach 32, 2 und 39, 6 nur die Leitung der Bewegungen in der Hauptstadt — war freilich allem Anscheine nach ein echter patricischer Manlier aus der Familie der Acidini.[3] Bei Sallust (24, 2) erscheint er als „ein

---

[1] Natus haud obscuro loco 25, 1.

[2] Cicero .... dubitans tantis civibus deprehensis, quid facto opus esset. 46, 2.

[3] CP 47, Anm. 8. Bei Cassius Dio 37, 30 wird seine Kriegserfahrung und seine verschwenderische Lebensweise neben der Thatsache erwähnt, dass er zu Sulla's Lochagen, d. h. freilich gewöhnlich Centurionen, gehört habe. Cicero lässt pro Sulla 11, 31 den patricischen Ankläger doch auch als vindicem conjurationis auftreten.

gewisser Manlius, der nachher das Haupt der Kriegführung gewesen ist'.

Der Autor will doch nicht entfernt als Catilina's Vertheidiger erscheinen. Selbst Cicero hat die bedeutenden Eigenschaften des furchtbaren Gegners[1] viel mehr anerkannt, als die üble Leumundsnote, welche demselben sein unsterblicher Geschichtschreiber (c. 15) ertheilt hat. Aber die muthvolle und gedankenreiche Ansprache Catilina's an seine Truppen vor der Entscheidungsschlacht, seine besonnene Führung des Commandos in derselben, sein heldenmüthiger Tod sind dem Leser in so edlen Formen dargeboten (c. 58—60), dass auch Sempronia sich an ihnen erfreut haben würde, wenn nicht gar diese hochgebildete Dame einmal den Anlass zu solcher Schilderung gegeben hat.

Sich selbst und seinem Leser durfte und musste doch Sallust bekennen, dass der in ehrlichem Kampfe gefallene Patricier des sergischen Clans an Charakter und Geist wohl höher gestellt werden dürfte, als der nunmehrige patricische Mitherrscher, der nichtige Lepidus, und als sein Genosse, der von Cicero so oft unter Catilina gestellte Quasipatricier Marcus Antonius, jene Beiden, welche mit Proscriptionen und Confiscationen die kühnsten Hoffnungen Catilina's übertroffen haben.

Gerade die Nobilität, deren Jugend meistentheils Catilina's Pläne unterstützte,[2] wird in der kleinen Schrift auf das härteste und absichtlichste getroffen.

Nie hätte man die unbedingte Wahrhaftigkeit der Darstellung bezweifeln sollen, wenn sie auch nur ausdrücklich bei einer früheren Verschwörung Catilina's betont wird, von welcher Cicero nähere Kunde nicht erhalten zu haben versichert.[3] Es ist eine so verhasste als verschwundene Welt, deren trüben Zwist ganz objektiv und vergnüglich der im Ruhestande lebende

---

[1] CAT 20, Anm. 1; PF 25 und 42; CP 15, Anm. 7; 20, Anm. 11; 22, Anm. 1 und 3; 30, Anm. 4; 44, Anm. 3; schon Cicero's Catilinarien (I, 9, 22 und 10, 26; III, 7, 16 und 17) geben doch ein deutliches Bild der ungewöhnlich mächtigen Persönlichkeit.

[2] Juventus pleraque sed maxume nobilium Catilinae inceptis favebat. 17, 6.

[3] De qua re quam verissume potero dicam. 18, 2. Cicero pro Sulla 4, 11 und 12, dazu CP 35, Anm. 5.

Gegner schildert, welchem ein angenehmes Stück ihres Nachlasses zugefallen ist. Dieser dem Untergange geweihten Welt gebührt denn auch die höhnische Schilderung der Aengste von Rom's bis dahin als zuchtlos gezeichneter Bevölkerung (c. 31 und 48). Für diese ist das richtige Zuchtmittel der härteste Belagerungszustand — nach diesem uns geläufig gewordenen hundertjährigen Begriff französischer Erfindung —, das sogenannte senatus consultum ultimum, welches freilich notorisch und wie zweifellos Sallust auch ganz gut wusste, erst im Jahre 121 vor Chr. verfassungswidrig aufgekommen ist; dieses Correctiv der unbändigen Menge wird mit allen nützlichen Zwangsbestimmungen als specifisch römischem Staatsrechte zugehörig (more Romano c. 29,3) in Behaglichkeit geschildert.

Aus dieser wenig löblichen Menge seiner Zeitgenossen ragen für Sallust's Urtheil nur zwei Männer hervor, welche Beide nicht mehr leben: fuere viri duo (c. 53, 6). Sich als treuen Schildträger Caesar's zu bewähren, ergreift er den ersten Anlass durch zornige und die Gegner möglichst verletzende Zurückweisung gegen ihn erhobener Beschuldigungen (c. 49). Indem er neben ihm Cato allein schilderungswerth findet, geschieht es nicht ganz ohne Ironie, aber doch in der Ueberzeugung, dass bei Caesar's grossherziger, zu politischer Leitung des Erdkreises angelegter Eigenart auch die grösste Privatmoral, wie sie Cato darstellte, nur eine untergeordnete Bedeutung beanspruchen kann.[1]

g) Auftauchen der Vergangenheit in der Gegenwart.

Indem er die Erinnerungen an die catilinarischen Kämpfe aus seiner Jugendzeit wachruft und durch ein eifriges Studium der literarischen Quellen wie der ihm zugekommenen mündlichen Aussagen ergänzt, tritt dem in Ruhe lebenden Politiker oft genug die politische Situation der Gegenwart mahnend und die ganz unbefangene Darstellung durchbrechend vor die Seele. Noch einmal lässt er sich und uns die schmerzlichen Empfindungen lebendig werden, welche den Jüngling

---

[1] Ueber die Schwächen der Vergleichung, auch abgesehen von dem Paradoxon des prope aequalia in Bezug auf die Herkunft (c. 54,1), habe ich mich CP 34 Anm. 1 und PF 6 Anm. 2 genügend geäussert.

in jener sturmbewegten Zeit (ea tempestate c. 36,4) über den Verfall des römischen Staates und Volkes erfüllten. Als grossen Abschnitt meint er seit Sulla's Ende nur Pompejus' Auszug zum Kriege gegen die Piraten und gegen Mithradates (c. 39, 1) zu erkennen: es sind die Grenzen innerhalb deren seine Historien sich bewegen.

Erwägt er, welche furchtbaren Thaten von den Machthabern seit Caesar's Tode geschehen sind,[1] so kann ihm Absicht und Thun Sulla's und der Catilinarier nur in milderem Lichte erscheinen. Unmittelbar nachdem er der Grenzen gedachte, welche er seinen Historien bestimmt hatte, sucht er sich in dieser Stimmung die eventuellen Folgen von Catilina's Siege oder auch nur Nichtbesiegung zu veranschaulichen: da fühlt er sich inmitten seiner eigenen Zeit. Hinter Catilina's Schatten tauchen die Triumviren auf, Sextus Pompejus in seiner sicilischen Residenz, Lucius Antonius und Fulvia, und der Niemand beherrschende republicanische Flottencommandant im ionischen und adriatischen Meere Cn. Domitius Ahenobarbus[2]: ‚die, welche den Sieg errungen hätten, würden ihn doch nicht länger haben geniessen können; denn wer momentan mehr vermöchte (qui plus posset), würde den Erschöpften und Blutleeren Herrschaft und Freiheit entreissen' (c. 39,4). Der nächste Satz bringt uns ausser allem Zusammenhange gerade den für den aufmerksamen Leser genügenden Namen eines Fulvius, eines Senators Sohn, der auf dem Wege zum catilinarischen Verbrechen ergriffen, auf seines Vaters Befehl getödtet wurde; er ist nicht identisch mit einem in der Verschworenenliste (11, 6) genannten Fulvius Nobilior, auch schwerlich mit jener früher (S. 15) erwähnten Fulvia verwandt, deren Namen den der nunmehrigen Gemahlin des Triumvir Antonius um so mehr in das Gedächtniss bringt, als Sallust sie (c. 23, 3) ebenfalls nur als unzüchtige adelige Frau (mulier nobilis) eingeführt hat.

---

[1] Auf das in verschiedenen Variationen wiederkehrende ‚delicta corrigas' lege ich kein erhebliches Gewicht für die Zeitbestimmung. Selbstverständlich begreift es auch die Pflicht der Bestrafung der Caesarmörder: ‚reprehendere'; es ist aber weit entfernt von dem Bekenntnisse irgend welcher eigentlichen Uebereinstimmung mit dem Verfahren der Triumviren.

[2] Drumann Geschichte Rom's I, 419; III, 26.

Wir stehen in oder unmittelbar nach dem perusinischen Bürgerkriege des Jahres 40 vor Christo.

b) Die politischen Zustände im Jahre 40 vor Christo.

Noch aus dem Jahre nach Caesar's Tode, als Cicero seine philippischen Reden schrieb und zum Theile hielt, waren Jedermann die Erinnerungen an die catilinarische Verschwörung erweckt worden. Marcus Antonius und Fufius Calenus und allem Anscheine nach selbst Asinius Pollio haben Catilina's und Lentulus' Andenken als schändlich Gemordeter gefeiert; in den dunkelsten Farben hat Cicero die nahe Ausführung der catilinarischen Pläne vorausgesagt, wie sie im zweiten Triumvirate in aller Entsetzlichkeit erfolgt ist.[1]

Der perusinische Krieg seinerseits ist eines der seltsamsten Gebilde dieser an gewaltsamen und blutigen Bewegungen überreichen Zeit. So schändlich sie gewesen sein mögen, niemals hätten Fulvia und Lucius Antonius diesen gefährlichen Bürgerkrieg erwecken können, wenn sie nicht der Bereitwilligkeit breiter Volksschichten auch ausserhalb der Veteranenkreise sicher gewesen wären. Es wird doch dieses Spiegelbild sein, welches Sallust zu dem Satze lockte: ‚überhaupt billigte die ganze Volksmasse in dem Wunsche nach politischer Neuerung (novarum rerum studio c. 37,1) Catilina's Unterfangen'. Er sagt uns selbst, was ihn zu dieser Behauptung veranlasst: ‚denn immer empfinden in der Bürgerschaft die Mittellosen Neid nach den Gütern, heben schlechte Menschen, hassen alte Ordnungen (vetera odere), ersehnen Neues, suchen allgemeine Umwälzung aus Hass gegen ihre Privatverhältnisse; sie nähren sich sorglos von Lärm und Rebellionen; denn die Dürftigkeit wird leicht ohne Verlust erhalten' (c. 37,3). ‚Um es in Kürze zu erledigen: Alle, die nach jenen Zeiten (von Pompejus' und Crassus' erstem Consulate im Jahre 70) den Staat in Unruhe gesetzt haben' — Caesar macht selbstverständlich die einzige Ausnahme als Beruhiger des Weltalles — ‚stritten ein Jeglicher für seine Macht unter ehrenhaftem Vorgeben, die Einen um des Volkes Rechte zu vertheidigen' — wie die Caesarmörder — ‚die

---

[1] Dieses Sachverhältniss ist CP 9 bis 28 auf das eingehendste erörtert.

Anderen um des Senates Macht möglichst zu steigern' — wie die Pompejaner, aber auch Lucius Antonius und Fulvia; ‚noch hatten Jene Mass und Ziel im Streite; beide Theile übten ihren Sieg in grausamer Weise' (c. 38,3 und 4). Das ist kein Rückblick von 78 bis 67 vor Chr., für welche Jahre die Schilderung ganz und gar nicht zutrifft: es ist die lebendige Gegenwart. ‚Seit der Staat in weniger Mächtiger Privateigenthum (jus atque dicionem) übergegangen ist, sind Jenen immer Könige und Tetrarchen tributpflichtig, Völker und Stämme steuern ihnen; alle Uebrigen, was eben tüchtig und gut sein mag, der Nobilität angehörig oder nicht, wir Alle sind gnadenlos zum Pöbel geworden, ohne Ansehn, denen unterthänig, welchen wir Schrecken einflössten, wenn die Republik in Kraft wäre'. So spricht diesmal Catilina Sallust's eigene Situation und Ideen aus (c. 20,7). So schildern die Zeitgenossen die Lage im Jahre 40.

i) Fulvia.

In erster Linie erscheint hier doch wieder eine Dame mit ihrem verhängnissvollen Einflusse. Wir haben mehrmals[1] Fulvia's zu gedenken gehabt. Wie schon im Jahre 61 bei Lebzeiten ihres gemordeten ersten Gemahles P. Clodius, so hat auch im Jahre 43 Fufius Calenus denselben für ‚heilig, massvoll, unschuldig, bescheiden und von musterhaft bürgerlicher Tugend'[2] erklärt; das konnten Fulvia selbst und Marcus Antonius nur gern hören. Zu der Erbitterung des letztern wegen seines Stiefvaters Lentulus Hinrichtung durch Cicero kommt aber noch die Feindschaft der Gemahlin wegen Clodius' Zwistigkeiten und Mord — was denn von Cicero's Seite in den Philippiken reichlich vergolten wurde. Wie an den zerstückten Leichen so vieler anderen Feinde ihrer Gatten, so hat sie auch an Cicero's abgeschlagenem Haupte gräuliche Rache geübt:[3] ihre Tochter aus Clodius' Ehe war Octavianus aufgenöthigt worden. Alle Gegner, welche die Häupter

---

[1] Vgl. oben S. 19.
[2] VIII Phil. 5,16 CP 22, Anm. 4.
[3] Cassius Dio 47, 8, 4 (Dindorf). Appian Bürgerkriege IV, 29 (II 958 Mendelssohn). Vellejus II 74: Fulvia... nihil muliebre praeter corpus gerens.

der Catilinarischen Verschwörung und Clodius — die letzten Patricier, welche vor Caesar nach der Herrschaft griffen — vor zwanzig und zehn Jahren mit Schrecken gefüllt hatten, mussten nun gleich den Caesarmördern die rächende Hand empfinden, welche eben Fulvia am grausigsten führte.

k) Kategorieen der Rebellen.

Gleichsam als Augenzeuge nach den Erzählungen seines Vaters berichtet Vellejus Paterculus über dieses Jahr 40 vor Chr., in welchem sein angeblich hochverdienter[1] und zweifellos hochbejahrter Grossvater sich nach der Niederlage seiner Partei in Campanien selbst tödtete. Als nach des jungen Caesar Rückkunft nach Italien dort innere Unruhen entstanden, hatten dieselben nach dieses Geschichtschreibers hierin glaubwürdiger Auffassung (II, 74 und 75) einen dreifachen Ursprung. Marcus Antonius' Bruder Lucius ‚beschuldigte als fungierender Consul des Jahres 41 einerseits den Caesar bei den Veteranen, anderseits rief er diejenigen, welche ordnungsmässig (juste) bei der Theilung der Landgüter und der Einrichtung von Colonien ihren Grundbesitz verloren hatten (agros amiserunt) zu den Waffen'; aus diesen Elementen ‚hatte er ein grosses Heer zusammengebracht. Anderseits verwirrte (miscebat) Fulvia Alles unter den Waffen der Fehde (armis tumultuque) mit dem militärischen Ausgangspunkte von Praeneste'. Ein dritter ‚Krieg brach gleichzeitig in Campanien aus, welchen Tiberius Claudius Nero, Praetorier und Pontifex, der Vater des Kaisers Tiberius,[2]

---

[1] Vir nulli secundus! II 76.
[2] Magni vir animi doctissimique ingenii (II 75) ein Lob, welches einigermassen mit dem stimmt, welches ihm Cicero ein Jahrzehnt früher ertheilte: CP 54. Dass die Herkunft des Vaters seiner Gemahlin Livia nicht eruirbar sei, wurde CAT 39 bemerkt; seltsamer Weise sind eben auch die Namen der nächsten Vorfahren dieses Claudiers unbekannt. Man weiss — von der im Texte gegebenen Vermuthung abgesehen — nur, dass auch er wie Livia's Vater von Appius Claudius Caecus stammte (Sueton Tiberius 3). Ich habe aber CAT 38 irrig bemerkt, dass alle patricischen Claudii — Appii ist verschrieben — der ausgehenden Republik den Beinamen Pulcher geführt hätten; es muss aber doch auch eine getrennte Familie von Claudii Nerones gegeben haben. Bei diesem Anlasse einer Selbstcorrectur in Bezug auf eine patricische Familie will ich doch er-

erregte, indem er die Schutzherrschaft derjenigen bekannte (professus ... patrocinium),[1] welche um ihren Grundbesitz gekommen waren' (agros perdiderant); nach einem hierin ebenfalls glaubwürdigen, ob auch von jüngerer Hand überlieferten Berichte[2] rief er auch die Sklaven zur Freiheit auf, wenngleich vergeblich. Es ist vielleicht dieser Tiberius Nero der Sohn des gleichnamigen prätorischen Legaten Tib. f. Appii n. vom Jahre 67,[3] dessen allem Anscheine nach ‚mit Absicht zweideutig'[4] gehaltenes Votum für die Catilinarier von Sallust mit sorgsamster Erwägung in wenigen Worten eines Relativsatzes (50,4) wiedergegeben und von Plutarch wie Appian in ihrer Weise verwerthet worden ist.[5]

---

wähnen, dass ich gern bemerkt habe, wie Mommsen, römisches Staatsrecht III (Der Senat) 17, 74 die von mir in PF 13, 15 f. vorgelegten Beobachtungen über die Bedeutung von stirps und über das Verhältniss der patricischen Claudier zu den Claudii Marcelli, wenn auch ohne Namennennung, aufgenommen hat; aber ich konnte nur bedauern, dass Mommsen bei diesen Gelegenheiten so harte Tadelworte gegen sich selbst gebraucht hat. Seine neue Ansicht, dass stirps für plebejische Geschlechter und sogar ‚technisch' gebraucht worden sei (Staatsrecht III 9, 74, 318), widerlegt sich aus den beiden Nachweisungen PF 15, Anm. 3 und 2 von Julia stirps und generosa stirps statt Patriciat.

[1] Hier wie Uebernahme des patronatus zu verstehen und ein Ausfluss des patricischen Waffenrechtes PF 41.

[2] Sueton ed. Roth, Tiberius 4: Neapolim evasit servisque ad pilleum frustra vocatis in Siciliam profugit.

[3] Gleichzeitig mit einem andern Patricier einem Manlius Torquatus mit dem Commando Iberiens und ‚der Herkulessäulen' betraut. Appian Mithridat. 95 (I 535 Mendelss.) Willems, le sénat de la républ. Rom. I 458 n. 76 II 181, n. 5; 445 n. 4.

[4] Worte Drumann's V, 525, Anm. 42, welcher von diesem Tiberius Nero hinzufügt: ‚die Schuld der Beklagten konnte er nicht läugnen'. Im Texte gibt er ebendaselbst Sallust's Satz (qui de ea re praesidiis additis referundum censuerat) mit den Worten wieder: ‚die Gefangenen müssen in Gewahrsam bleiben, bis man nach Catilina's Besiegung genauer untersuchen könne'. Zu ‚Gewahrsam' war doch die ‚sorgfältige Bewachung' hinzuzufügen.

[5] Gerade das praesidiis additis scheint Plutarch (Caesar 7) irre geführt zu haben, so dass er diesen und Caesar's Antrag zusammenwarf. Das corrigirt Appian, indem (Bürgerkriege II 5 p. 691 Mendelss.) er Sallust's Worte fast genau wie Drumann umschreibt: ὁ Νέρων ἐδικαίου φυλάττειν αὐτοὺς μέχρι Κατιλίναν ἐξελῶσι πολέμῳ καὶ τὰ ἀκριβέστατα μάθωσιν. Appian hat nur Sallust's Catilina 47 am Ende, 48 zu Anfang und 50, 3

Nun erwäge man die Situation dieses echten Patriciers und des voraussichtlich gleich seinem Bruder Marcus, dem angeblichen Herculessprossen[1] und geborenen Lupercuspriester, durch Caesar in den Patriciat aufgenommenen Lucius Antonius bei ihrer beiderseitigen Truppenwerbung und dazu auch den Charakter von Fulvia's wildem Aufgebote. Es entspricht diese militärische Sammlung völlig derjenigen, welche uns Sallust schildert, da Manlius Acidinus, Catilina's patricischer Genosse, die Armee in Etrurien aufstellt (c. 28,4). Er ‚mahnt die Plebs auf, welche in Noth und in dem Schmerze der Unbill nach Neuerungen begierig war, weil sie durch Sulla's Gewaltherrschaft[2] Grundbesitz und alles Gut verloren hatte (agros bonaque omnia amiserat); dazu Räuber aller Art, deren es in dieser Gegend eine grosse Menge gab, einzelne aus den Sullanischen Colonieen, denen Lüste und Verschwendung von ihrer grossen Beute nichts übrig gelassen hatten'. Es sind die Kategorien, wie sie jetzt Tiberius Claudius Nero, Fulvia und Lucius Antonius unter die Waffen riefen, an erster Stelle ein zweifelloser Patricier, der das Gespenst des clanmässigen Fehderechtes (man kann sich denken: zu welchem Aerger und Gelächter für Sallust) noch einmal, wie jene schottischen Lords von 1715 und 1745, lebendig zu machen suchte. ‚Auch dies ist', sagt uns der Enkel des treuen Gefolgsmannes jenes Clanhäuptlings, ‚durch Caesar's Ankunft begraben und zertrümmert worden.[3] Der Sohn des voreiligen Patriciers sollte Despot des römischen Reiches durch dreiundzwanzig Jahre werden, ohne je ernstlichen Widerstand zu finden.

Nicht als ob von Sallust's Seite für Manlius Acidinus' Heeressammlung Unrichtiges gemeldet oder auch nur eine

---

bis 10 zusammengeworfen, was seltsam genug gerade Drumann entgangen ist. Nur Cassius Dio 37, 36 hält sich einfach und ohne Zuthat an Sallust.

[1] Näher ausgeführt CP 18 mit Anmerkung 8.
[2] Ueber dominatus, hier dominatio: CP 31, Anm. 3.
[3] Id quoque adventu Caesaris sepultum atque discussum est. Vellejus II, 75. Die durch des Kaisers Tiberius Vater veranlasste Bewegung findet sich nicht erwähnt bei Livius periochae 125 und 126 beziehungsweise bei Orosius VI, 18, 18 und 19 (Zangemeister), Eutropius VII, 3 und 4 (Ruehl), Florus XVI, 5 (Halm), aber auch nicht bei Appian, Cassius Dio und Zonaras X, 21 (II 400, Dindorf).

falsche Färbung gegeben würde. Zweifellos haben sich die von dem erprobten sullanischen Hauptmanne zusammengebrachten catilinarischen Truppen als aus den drei uns angegebenen Elementen gebildet wahrheitsgemäss schildern lassen. Für uns ist nur erheblich, wie die Worte des Geschichtschreibers das Bild der Situation spiegeln, unter welcher er nach mehr als zwanzig Jahren den damals geschilderten Versuch der Auflösung des republikanischen Staatswesens zu schildern hatte.

1) Zur Exegese der Einleitung.

Man wolle sich nun vergegenwärtigen, wie uns die Einleitung der gedankenreichen Schrift des Autors Stimmung und politische Umgebung schildert. Er rafft sich (1, 1 bis 5) aus thierischem Genusse auf zu der Erwägung von der Macht des menschlichen Geistes, von dem durch ihn zu gewinnenden bleibenden Ruhme, von der Vergänglichkeit des Reichthumes und der Gestaltenschönheit gegenüber ewig gleicher Tugend.

Aber unmittelbar diesen Moralpfad verlassend wendet sich (1, 5 bis 2, 4) sein Blick — wie nur in einer von kriegerischen Bewegungen aller Art erfüllten Gegenwart begreiflich — auf das Bedürfniss vereinter physischer und geistiger Anstrengung für erfolgreiche Kriegführung, um die Gewalt zu gewinnen: als ‚König, denn dies ist auf Erden der früheste Name der Herrschaft gewesen‘; dann ruft er sich, erfüllt und umgeben wie sein Land in diesem Wirrsal ist von so vielen nach der Gesammtregierung Strebenden, die Gestalten der Reichsgründer ins Gedächtniss: eines Cyrus, der Athener und Spartaner; er findet, dass ‚der Könige und Gewalthaber (imperatorum) Seelenkräfte auch in Friedenszeiten sich geltend machen sollten‘: ‚dann würden sich die menschlichen Angelegenheiten gleichmässiger und beständiger halten‘. Wir dürfen wohl jetzt sagen, dass Sallust hier zunächst der nach caesarianischer Ueberzeugung von Rechtswegen gebietenden Triumviren gedenkt, welche vereinigt nach den Schlachten von Philippi den wüsten Pompejanerführer in Sicilien, den hochmüthigen Republikaneradmiral in den ostitalischen Meeren und die Drei, welche nunmehr den perusinischen Bürgerkrieg erregten, leicht hätten zur Ruhe bringen können.

So gewinnen denn auch die nächsten Sätze (2, 4 bis 7) trotz ihrer schulmässigen Gewandung einen höchst staatsmännischen Sinn und ernsten Rath an erprobte Genossen. Die Triumviren sollen nicht vergessen, wie schwer sie die Gewalt errungen haben, welche mit Sühnung von Caesar's heiligem Andenken der Welt wieder wahrhaft den Frieden zu bringen hatte: ‚denn die Herrschaft wird leicht durch dieselben Mittel behauptet, durch welche sie von Anfang erworben wurde. Brechen aber statt Anstrengung', wie bei dem Patricier Lepidus: ‚Trägheit, statt massvoller Consequenz (continentia et aequitate) Sinnenlust und Hochmuth ein', wie bei Marcus Antonius, ‚dann wandelt sich auch das Glück mit dem Charakter'. Sollte am Ende der unbedeutende, bis jetzt in nichts Grossem bewährte kränkliche, zwei- oder dreiundzwanzigjährige Adoptivsohn des grossen Juliers, der sich in den perusinischen Wirren so ‚gut' hält oder gehalten hat, zur Gesammtherrschaft gelangen? ‚Daher', wenn die beiden Berufenen sich so wenig bewähren, ‚wird immer die Regierung von dem minder Guten auf den übertragen, der sich eben als der Beste erweist' (ad optumum quemque).

So schreibt er, vielleicht während Bauten auf einem seiner Landgüter am Flusse oder Meere, vielleicht unter der Verschönerung der durch Jahrhunderte so vielbewunderten Anlage seiner grossstädtischen Einsamkeit auf dem Monte Pincio. Er sieht (2, 7 bis 3, 1) ‚Menschen den Acker bestellen,[1] zu Schiffe fahren, Bauten errichten', und sagt sich über ihre Leistung: ‚Alles gehorcht der Geisteskraft' (virtuti). Noch einmal gedenkt er dabei gewisser schwelgerischer Genossen, welche ‚wie Vorüberreisende das Leben hingebracht haben'; er findet es doch ‚wider die Natur', dass ihnen ‚der Körper zur Wollust, die Seele zur Last war' (fuit). Ihr Dasein ist gleichgiltig und wird mit Schweigen übergangen. Dann sagt er sich und uns, gleichsam strahlenden Auges: ‚nur der scheint mir doch wahrhaft zu leben und seine Seele zu geniessen, der irgendwelchem

---

[1] Arant (2, 7). Bedeutet das nach sallustischem Sprachgebrauche, über welchen mir kein Urtheil zusteht, ‚pflügen', so würde es zur genauern Zeitbestimmung im Frühjahre oder Spätsommer des Jahres 40 vor Chr. helfen.

Berufe hingegeben, einer gefeierten That oder löblichen (bonae) Kunst Ruf sucht'. Wie er dann für sich selbst nach einer schwierigen Laufbahn im Staats- und Kriegsdienste die Historiographie als Beruf erwählt, ist früher (S. 9 und 14) erörtert worden.

m) Spätere Parallelschilderungen.

Hält man nun aber jene eingehend wiedergegebenen Stellen sich gegenwärtig, welche uns zunächst auf die Jahre 41 und 40 vor Christo gewiesen haben,[1] so ist man einigermassen erstaunt, bei den beiden halbfremden, griechisch schreibenden Beamten des römischen Kaiserreiches, welche im zweiten und dritten Jahrhunderte nach Christo die Geschichte dieser Zeit behandelt haben, noch wörtliche Bestätigung zu finden. Ausdrücklich erklärt Lucius Antonius in dem, vermuthlich von Asinius Pollio verfassten, von Appian behaglich mitgetheilten Waffenstillstandsgespräche mit Octavian, er habe den Krieg unternommen, um die von den Triumviren zerstörte Macht der Nobilität herzustellen.[2] Indem derselbe Appian die Bedrängniss Italiens durch die Streitkräfte schildert, über welche Sextus Pompejus, der zu ihm von den Republikanern übergetretene L. Statius Murcus und Domitius Ahenobarbus[3] verfügten, bemerkt er: ‚sie sehen der Zukunft mit etwas übler Laune entgegen, wenn sie nicht die früheren Siegespreise gewönnen'[4] — d. h. Beute und Macht wie Pompejus Magnus, Caesar und die Triumviren.

Cassius Dio gibt (XLVIII, 8) eine sehr anschauliche Schilderung von der üblen Lage, in welcher sich Octavianus gegenüber den mannigfachen Anforderungen befand, welche an ihn von den verschiedenen Parteien gestellt wurden. Die

---

[1] 39,4; 37,3 und 4; 38,2, 3 und 4; 20,7 oben S. 19 und 24.
[2] — ἵνα τὴν ἀριστοκρατίαν ἀναλάβω τῇ πατρίδι, λελυμένην ὑπὸ τῆς τῶν τριῶν ἀρχῆς ὡς οὐδ' ἂν αὐτὸς ἀντείποις. Appian V, 43 (II, 1093 Mendelss.). — summa ope nitebatur pleraque nobilitas senatus specie pro sua magnitudine ... — quo senatus auctoritas maxima foret. Catil. 28,2 und 3.
[3] Dessen militärisch maritime höchst bedeutsame Position schildert gut und kurz Cassius Dio XLVIII, 7 (II, 301 Dindorf).
[4] ... ἀθυμοτέρων δὲ ἐς τὰ ἐσόμενα ὄντων, εἰ μὴ τὰ πρότερα ἐπινίκια λάβοιεν. Appian V 15 (II 1069 Mendelss.) ... bonum publicum simulantes pro sua quisque potentia certabant. Catil. 38,3.

rauhe Wahrheit, welche Sallust gewiss zutreffend für den Fall von Catilina's ganzem oder halbem Siege verkündet (c. 37, 4), dass ‚der Mächtigere den Ermatteten und Blutleeren Regierung und Freiheit entwinden' könne, hatte Octavianus aus den niedrigen Gesinnungen zu abstrahiren, welche ihm in dieser Noth entgegentraten: ‚denn wie Schuldabtragung nahmen die Einen Alles hin was ihnen gegeben wurde und betrachteten es keineswegs als Wohlthat, die Andern grollten, weil auch ihres Eigengutes beraubt'.

Die beiden plebejischen Consulen aber, welche die catilinarische Verschwörung und mit ihr das Herrschaftsstreben der patricischen Clanhäuptlinge zu Grunde richteten, haben in den verbleibenden Gewalthabern des Jahres 40 oder eigentlich in Octavianus und Marcus Antonius ihr Gegenbild, da der Uebrigen Macht durch ihre Verbindung leicht genug erdrückt werden kann. Diese Beiden erneuern vielleicht noch einmal den Bund mit dem klüglichen Aemilius Lepidus als Vertreter des mit Tiberius Nero's Flucht in den Hintergrund gedrängten Patriciates. Mit solchen Erwägungen mag Sallust von seiner Schilderung der catilinarischen Verschwörung geschieden sein, welche in der Beschreibung eines für beide Theile ehrenvollen Kampfes wie eines edlen Kriegsspieles ausklingt.

§ 4. Die Bedeutung des Troja-Spieles.

Es hat sich in Catull's Gedichten bei allem Selbstgefühle doch ein entgegenkommendes, ja mitempfindendes Verständniss für die grossen Ueberlieferungen wie für die Zukunft der Manlii Torquati und allem Anscheine nach[1] auch einer cornelischen Familie des Patriciates gezeigt.

Von den Plebejern dieses Zeitalters hätte freilich Cicero über des Patriciates sittliche und so tief in der römischen Volksseele wurzelnde Kraft, über seine unverbrüchliche politische Disciplin und seine religiösen Herrschaftsansprüche leicht genug ein anschauliches und vielleicht sogar, wenn auch Manches ihm verborgen bleiben mochte, ziemlich vollständiges Bild entwerfen können. Da er aber durch sein

---

[1] CAT 35 f.

langes Leben die schwierigsten und gefährlichsten Kämpfe
gerade gegen den Patriciat zu führen hatte, so gewinnt man
ihm nur gelegentlich und gleichsam widerwillig Informationen
ab; sich selbst und unkundigen Lesern hat er sogar mit
Streichung des Patriciates, dieses Grund- und Ecksteines römischen staatsrechtlichen Denkens, in der langwierigen Arbeit
seines Buches von den Gesetzen ein Idealbild römischer Verfassung zu entwerfen gewagt.

Ganz anders steht Sallust zu diesem mächtigen Factor
aller politischen Berechnungen der ausgehenden Republik. Er hat
doch dem grössten Patricier, er hat doch Caesar zu nahe gestanden,
um nicht in der Darstellung der catilinarischen Verschwörung,
welche ihr bester Kenner, eben Cicero selbst, nachträglich als
von patricischem Stamme verschuldete Schändlichkeit bezeichnete,[1] patricische Namen, Ansprüche und Empfindungen mit
historischer Genauigkeit vorzuführen. Seine eigenen plebejischen,
und doch den unbedingten Herrschaftsgelüsten der kühnsten Mit-
glieder des plebejischen Standes entgegengesetzten Ueberzeu-
gungen hat Sallust dabei nicht verhohlen. Er schreibt nach einer
stürmischen politischen Bethätigung während der furchtbaren
Kämpfe, in denen der Patriciat als politische Sondergewalt verschwunden und in die neugebildete Staatsverfassung mit reich-
lichem, ob auch stillem Antheile am Herrschaftsgenusse eingefügt
worden ist.

Gerade diese Kämpfe, aus denen Augustus' massvolle
Monarchie hervorging, bilden nächst der dankbaren Anschauung
des neuen ungestörten Glückes, zu dem das weltgebietende Römer-
reich zu dieser Monarchie von den Göttern geführt worden ist,
den reichen Hintergrund von Vergil's poëtischem und man
kann wohl auch sagen: politischem Denken.[2] In einer milden
Abklärung und Umformung ist am Ende doch auch der Patriciat
zum Siege gekommen, wie denn drei patricische Claudier, vor

---

[1] CP 6, Anm. 7; 21, Anm. 12; 35. Anm. 10 aus III. Catil. 9,22; 35.
Anm. 11 aus IV. Catil. 8,16; 36. Anm. 1 aus de divinatione I 12,20.
Ebendas. Anm. 2 aus Cornelius Severus die Bezeichnung der catilina-
rischen Verschwörung als patricium nefas.

[2] Auch hier wie CAT 2 kann ich, diesmal in Bezug auf Vergils politischen
Gehalt, auf H. Th. Plüss, Vergil und die epische Kunst (1884) verweisen.

und nach ihnen je ein plebejischer Octavier und Domitier unter dem patricischen Juliernamen und dann wieder ein rein patricischer Sulpicier bis zum Jahre 79 nach Christo die Herrschergewalt innegehabt haben. Unmittelbar nach Caesar's Tode hat der Octavier seinen julischen Erbschaftsanspruch verkündet und im nächsten Jahre 43 bereits in dem eroberten Consulate und in dem zweiten Triumvirate die Regierung mit einem echten patricischen Aemilier und einem quasipatricischen Antonier angetreten. Unter diesen provisorischen Gewalthabern, vor Allem unter dem definitiven Regimente Octavian's ist die vergilische Muse erblüht. Nicht als ob man bei diesem Kenner römischer Geschichte und Sage in Bezug auf Personen und Familien eine staatsrechtlich genaue Scheidung zwischen Patriciern und Plebejern erwarten dürfte. So gänzlich lebt seine Gedankenrichtung in der freudigen Bewunderung römischer Grösse und des Werdens dieser Grösse, dass er unbedenklich, wie wir bald sehen werden, den plebejischen Namen Memmius des ‚scharfen und bissigen‘ Tribuns der jugurthinischen Zeit, des Märtyrers der saturninischen Rebellion, überdies des Bewältigers der Hellenen, der die Zerstörung Korinth's vollziehen lassen musste, neben uralten patricischen Namen unter den troischen Gründern des römischen Staates erscheinen lässt.[1] Der durch Caesar und Octavian künstlich vermehrte Patriciat mag ja, wie diesen so auch den cluentischen, in solchem Zusammenhange auffallenden,[2] uns aus republikanischer Zeit nur als plebejisch[3] bekanntem Hause zugehörig überlieferten Namen enthalten haben.

Wie man aber mit Caesar's und Augustus' Monarchie wieder in die ursprüngliche römische Verfassung der Königszeit zurückgelenkt zu haben glauben mochte, so durfte, was sich seitdem von Namen ausgezeichneter Staatsmänner und Feldherren römischer

---

[1] Mnestheus successuque acrior ipso heisst es Vergil. Aeneis V, 210. Von dem Tribunen C. Memmius liest man bei Sallust Iugurtha 27,2 und 30,4: vir acer et infestus potentiae nobilitatis. — — facundia clara pollensque. cf. Cicero Brutus 36,136: C. et L. Memmii ... accusatores acres atque acerbi. De oratore II, 59,240: ‚mordax Memmius‘.

[2] Romane Cluenti! (Aen. VI 123) ist doch eine Ausrufung, welche Plüss vor einer Identificirung mit samnitischer Familie und einer Quasirepraesentation des Italikerthumes um so mehr hätte bewahren sollen, als v. 117 sagt: Italus Mnestheus, genus a quo nomine Memmi.

[3] Willems, le sénat de la république Romaine I 84.

Grösse förderlich erwiesen hatte, auch auf ursprüngliche Zugehörigkeit zu dem römischen Gesamtdasein wenn nicht annalistischen, doch poëtischen Anspruch erheben. Vollends mochte das der reinen Begeisterung Vergils dann nicht nur für erlaubt, sondern für durchaus geboten gelten, wenn Sprossen solcher Familien an den Spielen sich betheiligen durften, welche nach dem längst zu lauterer Wahrheit gewordenen Mythus auf die Zeiten der aeneadischen Einwanderung zurückgingen, ja ihren Ursprung von Aeneas selbst und sogar auf ausdrückliches trojanisches Muster zurückleiteten. In die lebendige Gegenwart versetzt uns der Dichter doch schon bei dem Wettkampfe der Schiffe. Eben die im neuen Reiche des plebejischen Adoptivsohnes Caesar's den grossen und als älteste geltenden Familien des Patriciates gleichgestellten Angehörigen der plebejischen Nobilität, wie Memmii und Cluentii, thun es hier durch Geschicklichkeit den siegessicheren Patriciern zuvor. Nur ein im rechten Momente erbetenes Eingreifen der Meeresgottheiten (V, 239—243) entscheidet zwischen den beiden Ahnen der für historische Kunde nur plebejischen Häuser, von denen doch der ‚scharfe‘ Memmier auch im Bogenschiessen nur die Leine trifft, so dass der Vogel davonfliegt. Der Ahnherr des sergischen mit Catilina hienach allem Anscheine gemäss[1] nicht untergegangenen Patricierhauses wird, weil er seine Existenz mit seinem Schiffe gerettet hat, aus der von dem Princeps auch der nächsten Regierungen gegen verarmte Häupter grosser Familien geübten Munificenz mit einer kunsterfahrenen Dienerin und deren Kindern belohnt.[2]

Durchsichtig genug, ob auch ‚dem Dichter für seine ästhetische Welt von idealem Werthe‘, wird um des Namens von Caesar's plebejischer Nichte, Augustus' Mutter, Atia willen bei der Aufführung der Knaben im Trojaspiele unmittelbar nach Priamus, dem Sammelnamen für die troische Abkunft, ‚Atys, von welchem die latinischen Atier ihr Geschecht ab-

---

[1] Wie ich schon PF 8 angenommen hatte, doch immerhin zweifelnd und ohne Erwägung der vergilischen Stelle.
[2] Plüss' Meinung S. 263, dass man auch hier (V. 272 bis 285) an den auf dem Aeneasschilde (VIII 668 bis 670) als auf der Klippe hangend und vor den Furien zitternd abgebildeten Catilina zu denken habe, erledigt sich eben durch Sergestus' Rettung und Belohnung.

leiteten', als des Knaben Jullus, des eponymen Heros der patricischen Julier, geliebter Gespiele genannt. Wie unverbrüchlich feststehend erscheinen die Abtheilungen dieser berittenen adeligen Knabenschaar: zunächst eine Dreizahl, doch unmittelbar mit der Andeutung ihrer Verdoppelung durch die Abtheilungscommandanten, die Zahl der jungen Reiter selbst durch sechs theilbar.[1] Das kurz geschnittene[2] Haar, vom bekränzten Helme gedrückt, ist bei Allen ‚der Sitte gemäss' gleich. Je zwei Speere aus Holz vom Cornelkirschbaume führen sie mit Eisenspitze, ein Theil über die Schulter leichte Köcher; oben an der Brust hängt um den Hals ein Reif gewundenen biegsamen Goldes'.[3]

Nachdem aber der Dichter die Reiter- und Waffenkünste der jungen Edelleute geschildert hat, bemerkt er doch, dass Ascanius zuerst bei dem Mauerbaue von Alba Longa ‚diese Rennsitte, dazu diese Wettkämpfe erneuerte' und die alten Latiner in der von ihm selbst als Knaben mit der trojanischen Jugend geübten Weise zu feiern lehrte. Die Albaner lehrten es ihre Nachkommen; so hat das zu höchster Grösse gediehene Rom sie empfangen und die väterliche Ehrenpflicht bewahrt. Jetzt wird es Troja genannt, die Knaben heissen trojanische Schaar.[4]

Ueber die dem Dichter selbst, wie man sieht, nicht ganz einleuchtende Bezeichnung weiss ich dem nichts beizufügen, was einst Klausen vermuthet und Marquardt[5] gebilligt hat. Sprachkundigen muss freilich die Zulässigkeit der Erklärung

---

[1] Tres equitum numero turmae ternique vagantur Ductores; pueri bis seni quemque secuti Agmine partito fulgent, paribusque magistris. Aen. V, 560.

[2] Nach Servius (ed. Thilo 1881) I 633 sei tonsa hier als coma composita zu verstehen; nam proprie (!) comae sunt non caesi capilli.

[3] Omnibus iu morem tonsa coma pressa corona; Cornea bina ferunt praefixo hastilia ferro; Pars laeves humero pharetras; it pectore summo Flexilis obtorti per collum circulus auri. Ib. 556 bis 559.

[4] Hunc morem, cursus atque haec certamina primus Ascanius, Longam muris quum cingeret Albam, Retulit et priscos docuit celebrare Latinos, Quo puer ipse modo, secum quo Troïa pubes. Albani docuere suos; hinc maxima porro Accepit Roma et patrium servavit honorem; Troiaque nunc, pueri Troianum dicitur agmen. Aen. V 596 bis 602.

[5] Handbuch der römischen Staatsalterthümer VI 505.

festzustellen überlassen bleiben. Hienach sei von dem altlateinischen truare, sich bewegen, das Wort gebildet: ‚vermuthlich troïa Tummelplatz und erst später, als man den ludus Troiae mit Troja in Verbindung brachte, wurde die erste Sylbe verlängert'.

Der technische Verlauf des Trojaspieles hat vor mehr als einem Menschenalter von einem, wissenschaftliche Fragen mit besonders reinem und hingebendem Sinne erfassenden Gelehrten[1] eine erschöpfende Darstellung erfahren.

Ich wüsste dem dort Gebotenen auch meinerseits nichts hinzuzufügen. Vergil's Schilderung dieses Knabenspieles entsprach der Zeitrichtung. ‚Es war ein altrömisches und nun wieder neurömisches Bedürfniss, in der Vergangenheit die Gegenwart und die Zukunft wunderbar vorbereitet und vorausbedeutet zu finden'.[2] Auch Horaz feiert im Jahre 17 vor Chr. die Ilischen Reiterschaaren als von den Göttern gewolltes Zeugniss der trojanischen Einwanderung.[3]

Mit der Continuität der Feier steht es immerhin zweifelhaft. Die älteste historische Erwähnung des Trojaspieles findet sich, wie es scheint, in Sulla's Zeit. Plutarch bringt sie bei Gelegenheit der Wahl des vierzehnjährigen, plebejischer Nobilität angehörigen Cato durch seine Altersgenossen zu einem der beiden Führer der Knabenschaar, entgegen der Bezeichnung eines Andern zu dieser Ehre durch Sulla selbst. Ich finde freilich nicht, dass Plutarch der Sache als einer für adelige Knaben neuen oder auch nur erneuerten, wenngleich durch Sulla zu feierlichem Schauspiele gewordenen gedenke.[4]

So mag der gelehrte Vergil doch für glaubwürdig gelten, wenn er das Trojaspiel für ein aus alter Zeit überkommenes

---

[1] Anton Goebel, de Trojae ludo 1852 (Dürener Gymnasialprogramm). Für die vorliegende Arbeit habe ich diese überaus sorgfältige Untersuchung nicht benutzen können.

[2] Plüss, Vergil 145.

[3] Carmen saeculare v. 37 sq.

[4] ... ἐπεὶ Σύλλας τὴν παιδικὴν καὶ ἱερὰν ἱπποδρομίαν, ἣν καλοῦσι Τροίαν, ἐπὶ θέᾳ διδάσκων καὶ συναγαγὼν τοὺς εὐγενεῖς παῖδας ἀπέδειξεν ἡγεμόνας δύο. Cato minor 5,1. Caesar (Sueton 39) liess, wie es scheint, zuerst die zwei Altersstufen von Knaben auftreten: turma duplex majorum minorumque puerorum; das scheint dann seit Augustus (Sueton 73) Regel geworden zu sein.

schildert, wie wir gesehen haben; gerade der Vers (V, 556), welcher dies ausdrücklich versichert, ist dem alten Commentator wegen eines seltenen Ausdruckes aufgefallen und in denselben säuberlich als eine Haarfrisur (coma composita) erklärt worden;[1] denn unbegreiflich erschien ihm das ‚nach dem Herkommen geschnittene Haar' (in morem tonsa coma). Augustus selbst legte auf das Trojaspiel besondern Werth, ‚da er es eben alter und ehrbarer Sitte entsprechend fand, die Eigenart berühmter Herkunft auf diese Weise kund zu thun';[2] an der Spitze der ältern Knabenschaar — denn unter Caesar theilte man sie nach den Jahren — hat er einmal den spätern Kaiser Tiberius reiten lassen.[3] Der spätere Kaiser Nero hat vorzeitig (necdum matura pueritia[4]) wenn auch unter besonderm Beifalle des Publicums an demselben theilgenommen, was den alterthümlichen Charakter der Feier aufhob.

Der kurze Haarschnitt dürfte eben mit dem feierlichen Ritte verbunden die Lösung der Feier geben. Denn die gleiche Sitte wird als öffentliches Fest bei den normännischen, speciell schwedischen, ‚warägischen' Gründern des russischen Staates in Fortsetzungen des Geschichtschreibers Nestor zweimal erwähnt,[5] als von einem fürstlichen Vater an Söhnen vollzogen:

---

[1] Vgl. oben S. 32, Anm. 1.
[2] prisci decorique moris existimans, clari stirpis indolem sic notescere. Suet. Augustus 43.
[3] Suet. Tiberius 6.
[4] Suet. Nero 7. Die Thatsache ist von Tacitus ann. XI, 11 und XII, 25 nicht bemerkt.
[5] Ich sehe ab von der blossen Erwähnung des feierlichen Haarschnittes in den Jahren 6720 (= 1212 nach Chr.) und 6738 (= 1230 nach Chr.) und gebe die beiden Nachrichten, welche sich für die mit dem Haarschnitte verbundene Vorführung zu Pferde nachweisen lassen, nach der freundlichen Mittheilung meines Herrn Collegen Hofrath Professor Dr. Vratislav Jagić in dessen Uebersetzung aus der neuen Ausgabe der altrussischen Chroniken durch die russische archäographische Commission, welche die abweichenden Texte der handschriftlichen Ueberlieferung publiciert hat: ‚Im Jahre 6700 (= 1192 nach Chr.) im Monate Juli am 28. Tage, am Feste des heiligen Märtyrers Eustathius ... fand beim Grossfürsten Vsevolod ... das Haarschneiden an seinem Sohne Georg ... statt; an demselben Tage setzte er ihn auf's Pferd und es war eine grosse Freude in der Stadt Suzdali'. ‚In demselben Jahre veranstaltete der Grossfürst Vsevolod das Haarschneiden für seinen Sohn Jaroslaw und setzte ihn auf's Pferd am Tage des heiligen Symeon ... und es

‚er veranstaltete das Haarschneiden und setzte ihn auf's Pferd'.

Durchaus wesentlich ist bei solcher Aufstellung der Analogie zur altrömischen Sitte, dass das bei Griechen, Germanen und Slawen als Zeichen des Eintrittes in die Ephebie nachweisliche feierliche Haarscheeren [1] mit der Vorführung zu Pferde verbunden sei, was meines Wissens sich eben nur noch bei den russischen Fürsten vor der mongolischen Eroberung nachweisen lässt.

Das war vielmehr das Zeichen der Entlassung des Jünglings aus väterlicher Gewalt, der Schwertleite bei den Deutschen, der Vorführung des bewaffneten jungen Atheners in der Volksversammlung vergleichbar. Die förmliche Bekleidung mit der Toga virilis, welche bei den Römern [2] für die Masse der freien Bürgerschaft das Zeichen des Eintrittes in die politisch-militärische Selbständigkeit bildete, hat erst eine aus dem Oriente für Griechen und Italiker überkommene Veränderung der Bekleidung zur Voraussetzung und gehört also einer spätern Zeit an.

Wie so mancher uralte Brauch seit undenklichen Zeiten in unseren heutigen fürstlichen Familien, so hat sich auch die Sitte des mit der Vorführung zu Pferde verbundenen Haar-

---

war eine grosse Freude in Volodimer'. Von den beiden Prinzen war „der Knabe Georg 1188 geboren, Jaroslav 1190 nach der Berechnung Pogodin's". Des Letztern Haarschnitt ohne Vorführung zu Pferde wird übrigens in der Lavrentihandschrift in das Jahr 6702 (= 1194 nach Chr.) gesetzt.

[1] K. Fr. Hermann, gottesdienstliche Alterthümer § 48, Anm. 7. Jacob Grimm, deutsche Rechtsalterthümer S. 146 mit Rücksicht auf Paulus Diaconus IV, 39 und VI, 52 (IV, 38 und VI, 53 ed. Waitz S. 167 und 237 der Schulausg.) Bei den Slawen wohl am frühesten bezeugt in der altrussischen Legende vom heiligen Wenzel, für welche ich auf meine Ausführung ‚zur Kritik altböhmischer Geschichte' in der Zeitschrift für die österreichischen Gymnasien 1857, Band 7, S. 21 des Separatabzuges verweisen kann. Uebrigens hat noch Papst Benedict II. im J. 684 die von dem Kaiser Konstantinos Pogonatos gesendeten Haare seiner beiden Söhne feierlich in Rom empfangen: hic una cum clero et exercitu suscepit mallones capillorum cet. Liber pontificalis ed. Duchesne (1886) p. 363.

[2] Marquardt, Handbuch VII, 123 f. 536. Otto Hirschfeld, zur annalistischen Anlage des tacitëischen Geschichtswerkes (Hermes XXV, 1890), 367

scheerens für die heranwachsenden Knaben der patricischen, das ist der fürstlichen römischen Familien erhalten: nur die Bewaffnung des Jünglings, die Ausstattung desselben mit Speeren, scheint bei den alten Römern über das bei den alten russischen Fürsten übliche Mass als Herkommen beobachtet worden zu sein. Dass aber schon zu Sulla's Zeit auch nicht patricische Knaben zur Uebung der alten Feier herbeigezogen wurden, ist oben bemerkt worden.

Und hiezu stimmen auch andere über das Trojaspiel erhaltene Nachrichten auf das Beste.

Augustus hat nach einer von dem Vergilcommentator mit dem betreffenden Autornamen überlieferten Nachricht jedem der bei dem Trojaspiele betheiligt gewesenen Knaben ‚einen Helm und zwei Speere' geschenkt.[1] Die Mittheilung gewinnt doch erst ihren rechten Sinn, wenn man bemerkt, dass nach Vergil's Angabe die Speere aus Holz des Cornelkirschbaumes (cornus) gearbeitet waren. Ein solcher aus uralter Zeit stammender stand damals noch in Rom hochverehrt, weil einst durch Romulus' Wurf mit einer Lanze solchen Holzes vom Aventin auf den Palatin entstanden, neben der heiligen Romulushütte.[2] Anderseits überliefert ebenfalls aus Augustus' eigener Zeit Dionysius von Halikarnass, doch mit nachdrücklicher Beziehung auf Fabius Pictor,[3] dass die bei den römischen Spielen zu Pferde wie zu Fusse aufziehenden Knaben ‚nahezu mannbar und alt genug für die Procession sein mussten':[4] sie hatten

---

[1] Baebius Macer dicit, a Caesare Augusto pueris, qui luserant (also nach dem Ende des Spieles) Troiam, donatas esse galeas (Vergil begnügt sich mit corona, was nach dem Commentare freilich auch bekränzten Helm bedeuten mag) et bina hastilia; ad quod Vergilium constat alludere. Servius I, 633 ed. Thilo.

[2] Seltsam genug ist Hauptzeuge für die Thatsache: Plutarch Romulus 20. Die übrigen bei Schwegler I, 395 gesammelten Stellen geben nur Bestätigung. Rubino, Beiträge zur Vorgeschichte Italiens (1868) 217 ff. hat wohl zuerst die religiöse Wichtigkeit der Sache erkannt.

[3] Κοίντῳ Φαβίῳ βεβαιωτῇ χρώμενος καὶ οὐδεμιᾶς δεόμενος πίστεως ἑτέρας. Dion. Halic. VII, 71 edd. Kiessling et Prou (Paris 1886) 441. Er führt das im nächsten Satze noch näher aus mit besonderer Betonung der Thatsache: πίστιν οὐκ ἐξ ὧν ἤκουσε μόνον, ἀλλὰ καὶ ἐξ ὧν αὐτὸς ἔγνω παρεχόμενος.

[4] Ἡγοῦντο δὲ τῆς πομπῆς πρῶτον μὲν οἱ παῖδες αὐτῶν οἱ πρόσηβοί τε καὶ τοῦ πομπεύειν ἔχοντες ἡλικίαν, ἱππεῖς μὲν ὧν οἱ πατέρες τιμήματα ἱππέων εἶχον, πεζοὶ δὲ οἱ μέλλοντες ἐν τοῖς πεζοῖς στρατεύεσθαι. Dion. Hal. VII, 72, l. l.

die jüngere Form der Wehrhafterklärung durch Verleihung des Männergewandes noch nicht an sich erfahren.

Ich denke nicht, dass der Leser ein weiteres Eingehen auf die Bemerkungen neuerer Schriftsteller über die Entstehung des Trojaspieles von mir erwarten wird. Seine Ableitung aus mittelalterlichen und modernsten Begriffen von Bürgerwehr, allgemeiner Wehrpflicht u. dgl. ist eben so naheliegend als unzutreffend.

§ 5. Ursprung der römischen Spiele.

Es wird schon richtig sein, was Dionysius (VII, 71) mit einiger Verschämtheit wegen seiner griechischen Abkunft behauptet, dass griechisches Vorbild zu der Einrichtung der Spiele veranlasst habe. Von Fabius Pictor darf man aber so wenig, wie von dem andern und in ziemlich vollständigen Werken auf uns gekommenen Patricier unter den Historikern, von Julius Caesar, erwarten, dass er bei seinem Berichte, vollends über seine eigene Zeit, der Standesunterschiede und irgend welchen Standesvorrechtes gedenke. Und eben so wenig gedachte er auch, wie es scheint, trotz seiner griechischen Historiographie der Nachahmung griechischer Bräuche von Seiten des römischen Volkes.

Eine andere Frage ist, wie weit Dionysius den römischen Autor der hannibalischen Zeit in diesem Falle genau wiedergegeben hat. Das gelehrte Urtheil, welchem auch der letzte Herausgeber von Fabius Pictor's Fragmenten Ausdruck gibt,[1] ist für eine durchaus willkürliche Wiedergabe, wie denn Dionysius gelegentlich auch scharfen Tadel gegen Fabius Pictor ausspricht.[2] Diesmal hat denn aber doch der fleissige

---

[1] ... quae Dionysius et Plutarchus ex eo rettulerunt, suis commentis et arteficiis rhetoricis exornaverint et infucaverint quis est qui dubitet. Es folgt der Literaturnachweis. Ueber die von Dionysius aus Fabius gegebene Beschreibung der römischen Spiele non integra ex Fabio Dionysium transscripsisse, sed ex suo consilio alia praetermisisse, alia aut pluribus exornasse aut leviter flexisse monuimus. Hermanu Peter, veterum historicorum Romanorum relliquiae (1870) I, LXXV sq., 29 sq.

[2] IV, 6 (p. 195) und 30 (p. 216) als 11ª und 11ᵇ bei Peter, relliquiae I, 22 sq.

und redselige, ängstliche, hartnäckige und urtheilsfähige Grieche
seinen Bericht mit so feierlicher Betonung aller Gewähr der
Glaubwürdigkeit eingeleitet, dass ich nicht einsehe, wie hier
an eine fälschende Wiedergabe gedacht werden sollte. Zu
dieser Auffassung bestimmt mich auch die nachweislich genaue
und redliche Erörterung über Thukydides in zweien seiner
kleineren Schriften. Es müsste erst mit ganz anderen Argu-
menten, als man sie bisher vorgebracht hat, bei diesem durch
die Schulung aufmerksamer thukydidëischer Lectüre gegan-
genen Autor der Beweis einer fälschenden Wiedergabe eines
förmlich und gleichsam urkundlichen angezeigten Citates vor-
gelegt werden, ehe ich einer derartigen nicht nur literarischen,
sondern auch, in Alterthum wie Neuzeit, ethischen Verwerfung
des Mannes beistimmen könnte.

Man wende mir nicht Livius' Willkürlichkeiten, Rede-
erfindungen und quasipatriotische Zustutzarbeit eines fürstlichen
Hausbeamten ein! Nur in den unverfänglichsten Dingen wird
ein kundiger Leser seinen Berichten trauen. Dionysius ist sich
der inferioren Stellung seiner Nationalität im Römerreiche zu
sehr und zu schmerzlich bewusst gewesen, in Rom noch mehr
bewusst geworden, um sich, vollends bei so leichter Con-
trolle jeder Ungenauigkeit wie in unsrem Falle, in der
öffentlichen Meinung des lesenden Publicums auch noch per-
sönlich herabzusetzen. Ich analysiere demnach die für den
Zweck dieser Abhandlung erheblichen Theile [1] seiner Wiedergabe von Fabius Pictor's Bericht als durchaus zuverlässig,
selbstverständlich mit Auslassung der von Dionysius wie in
Klammern gegebenen Zusätze; [2] diese bringt er zum Theile
nur als erklärender Augenzeuge, zum Theile mit ‚wir' (Griechen)
zur Nachweisung der Imitation griechischer Muster, zum Theile
als verstandesmässige Bedenken.

Ganz bestimmt lässt Fabius Pictor die Feier aus einem
Gelübde des Dictators Aulus Postumius aus den Anfangszeiten
der Republik entstehen. Das Gelübde ist zu denken als ab-

---

[1] Den Festzug schildert anschaulich Mommsen, römische Geschichte
I⁵, 230, I⁹, 227.

[2] Das wird leidlich mit den Worten angezeigt: ἀπόχρη γὰρ ἐκ τούτων καὶ
τὰ μὴ λεχθέντα ἐξετάζειν.

gelegt bei der Andacht vor dem capitolinischen Jupiter und von diesem genehmigt, also bei dem Aufzuge ad vota nuncupanda;[1] der Dictator Postumius legte eben das für den römischen Feldherrn übliche Gelübde ab ‚vor dem Auszuge zum Kampfe mit den latinischen Staaten (πόλεις); diese waren von dem römischen Volke abgefallen und beabsichtigten, Tarquinius in die Herrschaft zurückzuführen'.

Dionysius hat freilich denselben Dictator Postumius bei der Erzählung von jenem Latinerkampfe und vor der Entscheidungsschlacht nach sehr langer Rede (VI, 6 bis Ende 9) geloben lassen, er wolle im Falle des Sieges ‚kostspielige Opfer bringen, und das römische Volk werde alljährliche prächtige Kampfspiele veranstalten' (VI, 10); aber diese von Fabius Pictor's Auffassung so verschiedene Nachrichtenmenge hat der Grieche aus jüngerer Quelle.[2]

Fabius Pictor's Erzählung ist die für uns nachweislich älteste, ob auch drei Jahrhunderte nach dem Ereignisse geschriebene Nachricht über diesen Latinerkrieg aus den Zeiten der beginnenden Republik. Behält man im Auge, von welchem patricischen Autor und bei welchem Anlasse die Nachricht von der Stiftung der römischen Spiele gegeben wird, so dürfte für ausgeschlossen gelten, dass hier eine Erfindung vorliege, weil etwa um die Zeit der Secession das schon in der Königszeit eingesetzte Fest dreitägig ward.[3]

Fabius Pictor nennt die für die jährlichen Kosten des so vovierten Festes beschlossene kleine Summe in attischer Münze mit der Bemerkung, dass sie ‚bis zu dem punischen Kriege', doch wohl dem Ende des ersten, aufgewendet worden sei. Pseudoasconius bringt aus anderer Quelle dieselbe Summe in römischer Währung.[4]

---

[1] Adolf Nissen, Beiträge zum römischen Staatsrecht (1885), 91.

[2] Immerhin könnte die Quelle eine andere sein als die, welcher Dionysius die Nachricht entnahm (V, 57), dass der Consul von ca. 500 vor Chr. Manius Tullius bei den ἀγίοις καὶ ἐπωνύμοις τῆς πόλεως ἀγῶσι durch einen Sturz vom Festwagen ‚nach drei Tagen' gestorben sei.

[3] Mommsen, die ludi magni und Romani. Rheinisches Museum XIV, 84, Anm. = Römische Forschungen II, 49.

[4] Mommsen, römische Geschichte I^5, 461, I^6, 458. — Die Angaben lauten: bei Fabius Pictor (Dion. Halic. VII, 71) καθ' ἕκαστον ἐνιαυτὸν εἴς τε τὰς

Es führten vor Beginn der Spiele zu Ehren der Götter vom Capitol über das Forum zum grossen Circus einen Festzug[1] die zu den höchsten Behörden Gehörigen (οἱ τὴν μεγίστην ἔχοντες ἐξουσίαν VII, 72 im Beginn). Als solche sind bis zur Wahl plebejischer Consulartribunen ausschliesslich Patricier denkbar. Der Ausdruck ist aber so gewählt, dass er nicht nur die mit der höchsten potestas ausgestatteten Magistrate, also für das fünfte Jahrhundert zunächst Dictator und die bei dem Opfer genannten Consulen, eventuell Consulartribune, sondern den Senat überhaupt begreifen kann und dem Anscheine nach, obwohl die Sache zweifelhaft bleibt, begreifen soll. Da nun nach Willems', so viel ich sehe, zwingender Beweisführung der Senat auch des ganzen fünften vorchristlichen Jahrhunderts, von den ihm doch nicht zugehörigen Tribunen abgesehen, patricisch war, so würde, wenn die Senatoren unter diesen Inhabern der höchsten Gewalt mitverstanden sein sollten, der Herrscherstand als solcher zu einer vollen Repräsentation gelangt sein. Auf alle Fälle erschienen die aus dem Patriciate hervorgegangenen Magistrate — mit oder ohne Triumphalgewand und Triumphalwagen — als die eigentlichen Gebieter der sacralpolitischen Vorführung aller Kräfte und aller Hoffnungen des republikanischen Gemeinwesens sammt den Bildern aller anbetungswürdigen göttlichen Wesen, die über die römische Republik wachen mögen.

In diesem Sinne hat man auch den nächsten, in einem andern Zusammenhange (S. 36) schon erwähnten Satz zu verstehen. Die dem Jünglingsalter nahen Knaben folgten auf die höchsten Behörden derart, dass zuerst die Söhne derjenigen, deren Väter zu Rittercensus (τιμήματα ἱππέων) veranschlagt waren, zu Pferde folgten. Wieder weist dies, wenn auch innerhalb der Schranken servianischer Classenordnung, auf die jungen Angehörigen des Patriciates des ausgehenden

---

θυσίας καὶ τοὺς ἀγῶνας ἀργυρίου πεντακοσίας μνᾶς; bei Pseudoasconius (act. I in C. Verrem p. 142 Orell.) Romani ludi sub regibus instituti sunt (also aus anderer Quelle) magnique appellati quod magnis impensis dati (sic!). Tunc primum ludis impensae sunt duo milia nummum.

[1] Anschauliche Beschreibung desselben, wie er sich im ersten Jahrhundert vor Chr. dargestellt haben mag, bei Mommsen, römische Geschichte I[5], 230, I[5], 226 f. unter dem Seitentitel ‚älteste griechische Einwirkung'.

sechsten und des fünften Jahrhunderts neben einer nicht zu bestimmenden Quote besonders wohlhabender Plebejer. Die Erscheinung der jungen Patricier an solcher Stelle führte noch einmal den unter Götterschutz stehenden sacral-politischen Anspruch dieses römischen Fürstenthumes vor Augen.

Bei Gelegenheit der ersten legalen Wahl eines Plebejers zum Consul ist das Fest um einen Tag verlängert worden. Schon diese Thatsache hätte darauf führen sollen, wie sehr die Einrichtung als eine nach griechischem Muster ersonnene Schaustellung des republikanischen Staatswesens der Römer zu betrachten ist.

Bei dem Anlasse der Berichte von dieser Wahl und Festverlängerung ist bei Dionysius und Plutarch durch eine kleine Kette von Missverständnissen, welche sich durch eine ziemlich präcise Angabe bei Livius corrigirt — er hat wohl selbst kein besseres Lob beansprucht — irrig die latinische Feier statt der römischen Spiele genannt worden; doch ist dieses Quellenverhältniss schon so einfach dargelegt worden,[1] dass ich auf dasselbe nicht zurückzukommen habe.

Für unsern Zweck ist aber doch eine andere Frage näherer Erörterung werth. Es handelt sich um die Ableitung des Ursprunges der Spiele nicht von jenem Dictator aus dem posthumischen Clane, sondern von einem Könige.

Es wurde früher bemerkt (S. 39, Anm. 4), dass der fälschlich Asconius' ehrwürdigen Namen führende unbekannte Ciceroerklärer zu den Verrinen nur im Allgemeinen von der Einsetzung der Spiele unter den Königen (Romani ludi sub regibus instituti sunt et magni appellati) mit Angabe der auch von Fabius Pictor genannten jährlichen Kostensumme spricht. Cicero freilich[2] hat sich gelegentlich für die Einsetzung bei Gelegenheit jenes Latinerkrieges der beginnenden Republik entschieden; er nennt an erster Stelle ‚Fabius', dann

---

[1] Mommsen, römische Geschichte I⁵, 458. Das Entscheidende sind die Sätze bei Livius VI, 42, 12 und 13.

[2] De divinatione I, 26, 55: omnes hoc historici, Fabii, Gellii, sed proxime Caelius. Quum bello Latino ludi votivi maximi primum fierent, civitas ad arma repente est excitata. Itaque ludis intermissis instaurativi constituti sunt. Die Stelle gehört doch nicht so einfach neben die Nachrichten von Postumius' Gelübniss, wie Mommsen, Forschungen II, 48, Anm. 12 annimmt.

drei plebejische Geschichtschreiber: die beiden Gellii und als ‚nächstliegenden' Coelius Antipater. Er hält sich besonders an Coelius' willkürliche Umgestaltungsweise,[1] indem er zwar die Einsetzung der Spiele nach Fabius Pictor als auf einem Gelübde beruhend darstellt; aber er acceptiert eine durch kriegerische Unterbrechung derselben nothwendig gewordene Wiederholung, um die etwas vulgäre Fabel von der Entweihung derselben durch einen am Morgen unter dem Joche die Rennbahn entlang gezüchtigten Sclaven und von der Anzeige dieser Entweihung durch einen von der Gottheit dreimal im Traume gewarnten ‚Landmann', d. h. Plebejer zu erzählen. So erklärt sich, wie sich der Senat zur definitiven Wiederholung entschloss; die regelmässige Feier wird aber durch das Histörchen zum plebejischen Verdienste neben der freilich patricischen ursprünglichen Einsetzung. Der Gegensatz des nostro loco natus zum fürstlichen Adel tritt auch hier bei Cicero hervor.[2]

Davon nimmt, wie gesagt, der Commentator keine Notiz, welcher die Entstehung des Festes in der Königszeit als eine ausgemachte Sache betrachtet. Und Cicero selbst hat im Buche vom Staate doch auch die Einsetzung der römischen Spiele unter dem ältern Tarquinius ohne Widerspruch als Ueberlieferung angeführt. Dem entspricht die nächste Stufe der für die Nobilität überhaupt günstigen Fortbildung der Anfangsgeschichte der Spiele. Einer solchen Fortbildung folgt Livius mit behaglicher Sicherheit; schon die früheren Könige haben nach ihm derartige Spiele gefeiert; erst Tarquinius Priscus hat die ‚nun abwechselnd römische und grosse genannten Spiele' zu jährlich wiederkehrenden gemacht, indem er die Localität des Circus maximus für sie bestimmte. Er hat — natürlich mit Abschaffung der Gelegenheit eines Latinerkrieges — zugleich ‚für Senatoren und Ritter die Sitzreihen angewiesen, wo sie sich ihre Logen einrichten konnten'.[4] Dann

---

[1] Ed. Wölfflin, Antiochus von Syrakus und Coelius Antipater (1872) 27, 29, 46. Peter Relliquiae t. I, p. CCXXV und CCXL.

[2] CP 51 Dazu die Neidausbrüche der Niedriggeborenen PF 6.

[3] Atque eundem primum ludos maximos, qui Romani dicti sunt, fecisse accepimus. De rep. II, 20.

[4] Livius I, 35: Loca divisa patribus equitibusque ubi spectacula sibi quisque facerent, fori appellati. Mommsen, Staatsrecht III, 894 bringt

haben für Livius diese römischen Spiele wieder am Ende seines achten Buches Schwierigkeiten gemacht, weil er verschiedene Angaben fand, welcher hohe Beamte bei denselben im Jahre vor der caudinischen Niederlage das Zeichen für die Abfahrt der Viergespanne gegeben habe ‚und', sagt er, ‚es ist nicht leicht, bei verschieden gemeldeten Thatsachen und verschiedenen Berichterstattern eine Wahl zu treffen'.[1] Am Schlusse seiner ersten Decade haben ihn (X, 47, 3) zum Jahre 293 vor Chr. die römischen Spiele noch einmal beschäftigt, als er irgendwie verzeichnet fand, dass ausgezeichnete Krieger mit ihren Kränzen seit diesem Jahre denselben beiwohnten und zuerst nach griechischer Weise die Sieger Palmen erhielten.

Bei Dionysius, wenn auch irrig mit Nennung des Latinerfestes (vgl. oben S. 41), sind (VI, 95) wenigstens Etrusker statt Latiner für die Festfeier genannt.

die Stelle ohne Bemerkung, doch mit dem Nachweise (aus Dio Cass. LV, 22, 4 Dind.), dass erst im Jahre 5 nach Chr. im Circus gesonderte Räume für Senatoren und Ritter angewiesen wurden; den Senatoren selbst wurde bei den römischen Spielen zuerst im Jahre 195/4 vor Chr. besonderer Raum zugewiesen, was Livius selbst später entdeckt hat: ut loca senatoria secernerent (aediles curules) a populo; nam antea in promiscuo spectarant (XXXIV, 44,5). Andererseits bemerkt Mommsen, Staatsrecht III. 520, dass besondere Ehrenplätze ‚für die Ritter in der gracchanischen Epoche geschaffen' und dann durch Sulla wieder beseitigt wurden. Hienach muss Livius' Quelle für die Einrichtung unter Tarquinius Priscus ein Schriftsteller der sullanischen oder nachsullanischen Zeit sein. Spectavere furcis duodenos ab terra spectacula alta sustinentibus pedes, berichtet Livius weiter; die genaue Zahl lässt auf Valerius Antias fast eher als auf Licinius Macer rathen. In dem zweitnächsten Satze: sollemnes deinde annui mansere ludi, Romani magnique varie appellati, will Mommsen (die ludi magni und Romani. Rheinisches Museum XIV, 81 = römische Forschungen II, 45) nach sollemnes interpungieren und übersetzt: ‚diese Feier wurde gebräuchlich und später jährlich'. Da ich ihre Verlegung in die Königszeit überhaupt für erfunden halte, glaube ich die Frage philologischer Entscheidung überlassen zu können.

[1] Nec facile est aut rem rei aut auctorem auctori praeferre. VIII, 40. Das ist ein gutes Motto für Livius. Da nur in diesem Falle für die Leitung der Spiele ein Dictator statt des erkrankten Prätor ernannt ward, scheint mir es doch nicht gerathen, hieraus mit Mommsen, rheinisches Museum XIV, 81 = römische Forschungen II, 45 eine allgemeine Regel zu ziehen.

Man kann kaum zweifeln, dass unter Livius' und Dionysius' Zeitgenossen ein echter Forscher wie Verrius Flaccus sich über Ursprung und anfängliche Absicht dieser religiösen Feier und Procession bei solcher Divergenz der Meinungen geäussert habe; was aber uns aus den Festusauszügen unter den Worten Magnos ludos und Romani ludi von des kundigen Alterthumskenners Worten erhalten ist, gewährt für den Zweck der vorliegenden Untersuchung keinen Aufschluss.

§ 6. Veränderter Charakter der römischen Spiele.

Im Jahre 1859 hat Mommsen in einer Abhandlung von unvergänglichem Reize sich über die uns nunmehr beschäftigende Frage geäussert.[1] Ich befinde mich aber in einem Gegensatze zu der dort über Einsetzung und Natur der römischen Spiele vorgetragenen Ansicht, ganz abgesehen von abweichenden Auffassungen über einzelne Quellenstellen, welche ich in den beiden vorigen Paragraphen erörtert habe.

Durchaus habe ich an dem Berichte Fabius Pictor's festhalten zu müssen geglaubt, welcher das ganze Institut den Anfangszeiten der Republik und dem Dictator Aulus Postumius, keineswegs aber königlicher Einsetzung zuweist und eine Einfügung auch der im Trojaspiele beschäftigten berittenen Schaar herangewachsener Knaben erwähnt, welche Fabius Pictor zwar nicht direct patricische nennt, aber als Zugehörige der höchsten im Ritterstande enthaltenen Vermögensclasse doch vornehmlich bezeichnet. In dem Aufzuge nach seiner ursprünglichen Gestaltung stellte sich gleichsam selbstverständlich der Patriciat als die gebietende Macht dar.

Trotz so mancher Aehnlichkeiten mit dem Triumphalzuge und dem entsprechenden Prachtgewande des leitenden

---

[1] Rheinisches Museum XIV, 79 bis 87; dann römische Forschungen II, 42 bis 55 mit einem Zusatze bis 57. In den oben (S. 36 und 40) angeführten Stellen der römischen Geschichte hat Mommsen zuerst an der Auffassung dieser Abhandlung im Texte festgehalten, dass diese ludi ein ausserordentliches Dankfest seien, in der Anmerkung zum Beginne des neunten Kapitels aber doch bemerkt, dass ‚die aus Fabius aufbehaltenen Angaben in der That auf das gewöhnliche Dankfest und nicht auf eine besondere Votivfeierlichkeit gehen'.

Magistrates könnte ich daher nicht annehmen: ‚sicherlich wird ehemals der Triumphalaufzug des Siegers nach dem Capitol und Zug vom Capitol zum Spielplatze ein unzertrennliches Ganzes gebildet haben', so dass ‚erst später Beides getrennt wurde'.[1] Vielmehr meine ich, dass das neue republikanische Staatswesen unter patricischer Führung in dieser, nach griechischem Muster gestalteten und nicht am wenigsten durch das Trojaspiel an die traditionelle Sitte angeschlossenen Feier seinen charakteristischen politischen und mit imposanten sacralen Elementen verbundenen Ausdruck erhalten habe.

Durchaus bin auch ich von der Richtigkeit der Ansicht überzeugt, dass die Kalenderordnung, wie sie unverändert bis zum Jahre 191 vor Chr., dann mit nothgedrungenen und gelegentlich auch willkürlichen Aenderungen bis zum Jahre 45 vor Chr. bestand, auf die Decemviralgesetzgebung zurückgeht. Für unwidersprechlich richtig halte ich daher auch die Ansicht, dass die römischen Spiele erst spät in den Festkalender Aufnahme gefunden haben, in dessen alten Exemplaren sie mit kleinen Buchstaben nachgetragen worden sind. Hieraus folgt aber nach meiner Meinung keineswegs, dass das Fest erst allmählich von einem gelegentlichen zu einem stehenden, jährlich wiederkehrenden geworden sei. Es scheint mir vielmehr in dieser Thatsache der unzweideutige Beweis zu liegen, wie lange das Pontificalcollegium sich gegen die Aufnahme des Festes unter die sacralen gesträubt hat; einer mit so starken politischen, weltlichen, fremdländischen Elementen durchsetzten, für römischen Begriff von Anstand und guter Sitte vielfach anstössigen Feier konnte die Staatspriesterschaft wohl nicht anders gegenüberstehen, obwohl dies ‚römische'[3] Fest in erster Linie dem capitolinischen Jupiter galt und alle irgendwie anbetungswürdigen Götterbilder zur Anschauung brachte. Nicht undenkbar ist ja, dass mit der Annahme der licinisch-sextischen Rogationen, welche dem Graecus ritus durch die Veränderung

---

[1] A. a. O. 81 bez. 45 f.   [2] A. a. O. S. 83 = 47 f.
[3] Für die Thatsache, welche zuerst Ritschl bemerkte, dass die ‚ludi Romani' oder ‚maximi' von ludi magni zu unterscheiden und unter letzteren ludi votivi zu verstehen seien, bringt Mommsen in den Forschungen II, 51, Anm. 16 eine Fülle von Beiträgen aus Livius und eine neue Ehrenrettung von Diodor für XIV, 100.

der Aufsichtsbehörde der sibyllinischen Bücher von zwei Patriciern auf je fünf Patricier und Plebejer eine so gesteigerte Einwirkung ermöglichten, auch das Pontificalcollegium zu einer solchen Kalenderconcession bewogen wurde.

Es ist daher die Auskunft keineswegs geboten: ‚zwischen dem Decemvirate und dem Beginne der samnitischen Kriege' müsste ‚die vermuthlich durch allmähliches Stehendwerden längst vorbereitete Fixierung der jährlichen Jupiterspiele' erfolgt sein: ‚es ist nicht schlechthin nothwendig, aber in hohem Grade wahrscheinlich, dass die Einführung der jährlichen Jupiterspiele mit der Einführung der curulischen Aedilität zusammenfällt'. ‚Die curulischen Aedilen waren recht eigentlich und von Hause aus die curatores ludorum sollemnium, d. h. die Ausrichter eben dieser Jupiterspiele; wir wissen ferner, dass . . . damals beschlossen ward, einen Tag zu den bisherigen dreien hinzuzufügen'.[1]

Es weisen also Erwägungen verschiedener Art auf die Bedeutung hin, welche den licinisch-sextischen Rogationen, mit deren Annahme ja auch die curulische Aedilität in das Leben trat, für den Charakter der ‚römischen Spiele' zuzuweisen ist. Man wird wohl aussprechen dürfen, dass bei dem vermuthlich seit etwa dem Jahre 365 vor Chr.[2] alljährlich regelmässigen Wechsel der Aedilität zwischen beiden Ständen auch dem patricischen Rechte bei der ‚grössten' Festfeier nicht zu nahe getreten wurde. Die Vermuthung liegt daher nahe, dass auch das Trojaspiel in alter Weise unverändert fortbestand.

Aber auch in dies Verhältniss brachte das acilische Gesetz vom Jahre 192 1 vor Chr. eine Veränderung. Indem dasselbe, um der unerträglichen Dissonanz zwischen den legalen Kalendermonaten und den Jahreszeiten ein Ende zu machen, den Pontifices das Recht der Schaltung frei anheimgab,[3] änderte es die Bedingungen für die ständische Abwechslung der curulischen Aedilität. Die Plebejer hatten bei dem Vertrage von etwa 365 vor Chr. den Patriciern den Jahreswechsel in dem Sinne zugestanden, dass ihnen selbst die geraden, den Patriciern die un-

---

[1] Mommsen a. a. O. 86 = römische Forschungen II, 53.
[2] Mommsen, römisches Staatsrecht II², 472, Anm. 3.
[3] Matzat, römische Chronologie (1883) I, 45 und römische Zeitrechnung für die Jahre 219 bis 1 vor Chr. (1889), 20.

geraden Jahre varronischer Zählung zufielen. Oder anders ausgedrückt: die Plebejer hatten durch diese etwa 173 Jahre ununterbrochen in den um den Schaltmonat, d. h. 22 oder 23, zuweilen auch 24 Tage längeren, daher für die Amtsführung schon wegen der Erhebung von Strafgeldern für öffentliche Zwecke erwünschteren Jahren die Aedilität besessen. Jetzt hörte ihr Interesse an dem ständischen Wechsel auf.

Wenn man also im zweiten vorchristlichen Jahrhunderte Vertragsbrüche der Plebejer nachweisen kann, so gehört es doch nicht zu denselben, wenn in den ungeraden Jahren varronischer Zählung vom Jahre 191 vor Chr. an nicht mehr regelmässig Patricier erscheinen. Dennoch scheint der erste nachweisliche Fall, dass in einem ungeraden varronischen Jahre ein Plebejer zur curulischen Aedilität gelangte, erst ein volles Jahrhundert nach dem acilischen Gesetze eingetreten zu sein, als ein Claudius Marcellus im Jahre (663 Varr. =) 91 vor Chr. das Amt bekleidete und ein Patricier, ein Julius Caesar, im folgenden Jahre 664 Varr. (= 90 vor Chr.). Fortan scheint bei dem willkürlichen Monatschalten des Pontificalcollegiums das alte Abkommen als gegenstandlos betrachtet worden zu sein, so dass man zuweilen auch je einen Patricier und Plebejer neben einander im Amte findet.[2] An eine Handhabung ältern patricischen Vorrechtes bei den römischen Spielen war nun vollends bis auf Sulla nicht mehr zu denken, der mit der neuen Organisation des Trojaspieles, wie wir (S. 33) sahen, dem alten Rechte seiner Standesgenossen auch auf diesem antiquarisch-sacralen Gebiete Genugthuung schaffte.

Kunsthistorische Ergänzungen zu § 4 vom Troja-Spiele.[3]

Für das Alter des Trojaspieles gibt es ein früheres Zeugniss als das allgemein angeführte des Plutarch aus der Zeit Sullas. Es ist dies ein bei Tragliatella gefundener bemalter Thonkrug, welchen Helbig in den Schriften des römischen archäologischen

---

[1] PF 36 bis 39.
[2] Mommsen, römische Forschungen I. 100 f.
[3] Die nachfolgende Ausführung ist mir von Herrn Collegen Hofrath Professor Dr. Otto Benndorf gütig zur Verfügung gestellt worden.

Institutes beschrieben und zu einem epigraphischen Aufsatze von W. Deecke veröffentlicht hat (Bullettino dell' instituto 1881, S. 65 folg.; Annali dell'instituto 1881, Tav. d'agg. LM S. 160 folg.). Das Gefäss ist mit eingeritzten Zeichnungen und eingeritzten etruskischen Inschriften verziert. Die letzteren erklärt Deecke für sehr alt, da die Form der Buchstaben dem uritalischen Alphabete wahrscheinlich chalkidischen Ursprunges sich nähere, welches er in der Neubearbeitung des Otfr. Müllerschen Werkes über die Etrusker II S. 526, Taf. col. II aufgestellt habe. Zu dieser Auffassung stimmt der primitiv rohe Stil der Zeichnungen und das Decorationssystem der Vase, das sich als eine plumpe Nachahmung von griechischen Fabrikaten des siebenten und sechsten Jahrhunderts zu erkennen gibt. In stark verkürzten, bunt zusammengewürfelten Motiven zeigt es unter Anderem Elemente einer Hasenjagd, Steinböcke, Bilder von εὐαί wie auf chalkidischen Vasen, anscheinend auch mythologische Stoffe. Helbig sieht in dem Kruge eines der ältesten bemalten Gefässe von etrurischer Localfabrikation.

Unter den eingeritzten Zeichnungen ist von besonderem Interesse ein Zug von sieben im Tanzschritt begriffenen unbärtigen Kriegern und zwei bewaffneten unbärtigen Reitern, welche von einer eigenthümlichen gross gezeichneten Ornamentfigur her- und, wie es scheint, aus ihr hervorkommen (Fig. 1); in einer Windung dieser letzteren steht rückläufig truia = Τροία. Die Bedeutung dieses Wortes ist durch drei von Deecke angeführte Wiederholungen desselben gesichert, welche sich in etruskischen Darstellungen aus dem troischen Sagenkreise finden; aber Deecke irrt, wenn er glaubt, die Ornamentfigur habe einen Stadtplan vorstellen sollen. Auch Helbig hat sie nicht gewürdigt, obwohl er dem Sachverhalte auf der Spur war. Er beschreibt sie nur als ‚ornato che chiude la rappresentanza' und bemerkt zum Schlusse der Beschreibung über einen möglichen Zusammenhang des Wortes truia mit dem Kriegerzuge unbestimmt: ‚L'epigrafe truia scritta accanto [!] alla pompa dei cavalieri e dei fanti in maniera strana si raffronta tanto al nome della città di Troia, quanto al Troiae lusus o Troiae decursio dei Romani.' Wäre ihm die Bedeutung der Ornamentfigur gegenwärtig gewesen, so würde er sich nur für die letztere Möglichkeit haben entscheiden können.

Die Ornamentfigur gleicht der Darstellung des kretischen Labyrinths, wie sie auf Münzen von Knossos vorkommt, seit dem vierten Jahrhundert v. Chr. zunächst in maiandrisch vier-

Fig. 1.
Graffito eines Kruges von Tragliatella
(nach Annali dell' Instituto 1881, tav. d'agg. L).

Fig. 2.
Münze von Knossos
(nach Poole-Wroth,
Greek coins of Crete and
the Aegean islands,
pl. VI, 5).

eckiger Form, später in runder Form genau wie hier (Fig. 2). Sie wiederholt sich als Graffito auf einer pompeianischen Wand mit der bekannten Beischrift: „Labyrinthus, hic habitat Minotaurus" und als Verzierung grosser römischer Fussbodenmosaiks, in deren Mitte Theseus mit dem Minotauros kämpft. Es ist ein kunstvoll geschlossenes Schema parallel verschlungener Gänge, in die man an einer offenen Stelle eintritt, um in beständigem Hin- und Herlaufen schliesslich in das Innere und umbiegend in der nämlichen Weise wieder heraus zu gelangen. Wilhelm Meyer hat in einer gelehrten Abhandlung (Sitzungsberichte der philos.-philol. Classe der kön. bayrischen Akademie der Wissenschaften 1882, Bd. II, Heft III) scharfsinnig nachgewiesen, dass diese Figur im Alterthume für Tänze und Knabenspiele benutzt wurde und in mannigfachen sinnreichen Variationen sich für gleiche oder ähnliche Zwecke das Mittelalter hindurch bis in die neueste Zeit erhielt. Diese Labyrinthe kommen als Fussbodenverzierungen alter Kirchen unter dem Namen „chemin de Jérusalem" vor, wo sie zu Bittgängen benutzt wurden, unter dem Namen „Jericho" in mittelalterlichen

Handschriften.¹ Die bekannten Irrgärten der Renaissance sind daraus entstanden. Durch Rasenerhöhungen oder Steinsetzungen hergestellt, finden sie sich zahlreich in dem Norden Europas, in Norwegen, Schweden, Dänemark, Finnland, an der Südküste des russischen Lapplands, selbst in Island, wo sie überall verschiedene Namen tragen, Babylon, Völundarhús (Wielandhaus) u. a. und für Knabenspiele benutzt wurden. In Deutschland leben sie fort in den Wunderkreisen der Turnschulen: ein lehrreiches Beispiel für die zähe Dauer und wunderbare Wanderung alter Volkssitten und Erfindungen. Im nördlichen Theile von Norwegen heissen derartige Spielplätze Trojeborg, bei Wisby auf der Insel Gotland Tröburg. Wilhelm Meyer schliesst seine Abhandlung mit der Frage, ob dieser Name ‚Trojaburg' zusammenhänge mit dem noch im Mittelalter gebräuchlichen Ludus Trojae. Eine bestätigende Antwort gibt die ihm unbekannt gebliebene Vase von Tragliatella, auf der das Labyrinth inschriftlich als Troja bezeichnet ist.

Wichtig zu vergleichen ist eine Homerstelle, die eine nähere Betrachtung fordert. Sie steht in der Beschreibung des Achilleusschildes und bezieht sich auf ein Stück des wohlgeordneten Bilderkranzes, der durch altgriechische Bildwerke eine immer bestimmtere Gestalt gewinnt und immer deutlicher beweist, dass für die dichterische Schilderung, welche ja auch sonst jeden kunstreichen Bau an Geräthen, Thorverschlüssen, Wagen, Beschirrungen u. s. w. mit bewunderungswürdiger Schärfe bis in die letzten technischen Einzelheiten verfolgt, in genauer Kenntniss wirkliche Kunsterzeugnisse benutzt sind. Hier heisst es Σ 590 folg.:

590 Ἐν δὲ χορὸν ποίκιλλε περικλυτὸς ἀμφιγυήεις
τῷ ἴκελον, οἷόν ποτ' ἐνὶ Κνωσῷ εὐρείῃ
Δαίδαλος ἤσκησεν καλλιπλοκάμῳ Ἀριάδνῃ.
ἔνθα μὲν ἠίθεοι καὶ παρθένοι ἀλφεσίβοιαι
ὠρχεῦντ', ἀλλήλων ἐπὶ καρπῷ χεῖρας ἔχοντες.

---

[1] In dem Miniaturcodex des Leonardo da Bissuccio aus der Mitte des fünfzehnten Jahrhunderts hält Theseus eine Rundfigur des Labyrinths auf der Hand wie eine Diskusscheibe; vgl. Gesammelte Studien zur Kunstgeschichte, eine Festgabe für Anton Springer, Taf. zu S. 49.

595 τῶν δ' αἱ μὲν λεπτὰς ὀθόνας ἔχον, οἱ δὲ χιτῶνας
εἴατ' ἐυννήτους, ἦκα στίλβοντας ἐλαίῳ·
καί ῥ' αἱ μὲν καλὰς στεφάνας ἔχον, οἱ δὲ μαχαίρας
εἶχον χρυσείας ἐξ ἀργυρέων τελαμώνων.
οἱ δ' ὁτὲ μὲν θρέξασκον ἐπισταμένοισι πόδεσσιν
600 ῥεῖα μάλ', ὡς ὅτε τις τροχὸν ἄρμενον ἐν παλάμῃσιν
ἑζόμενος κεραμεὺς πειρήσεται, αἴ κε θέῃσιν·
ἄλλοτε δ' αὖ θρέξασκον ἐπὶ στίχας ἀλλήλοισιν.
πολλὸς δ' ἱμερόεντα χορὸν περιίσταθ' ὅμιλος
τερπόμενοι· μετὰ δέ σφιν ἐμέλπετο θεῖος ἀοιδὸς
605 φορμίζων· δοιὼ δὲ κυβιστητῆρε κατ' αὐτοὺς
μολπῆς ἐξάρχοντος ἐδίνευον κατὰ μέσσους.

Hephaistos arbeitet demnach einen χορός, demjenigen ähnlich, welchen Daidalos einst auf Knossos der schönlockigen Ariadne kunstvoll herstellte (ἤσκησε), und da, d. h. auf oder bei dem den χορός darstellenden Bilde (ἔνθα μὲν) schuf er einen Reigen von Jünglingen und Jungfrauen, welche in verschlungenen Windungen springend hintereinander hertanzen, zur Kitharamusik eines Sängers, unter zuschauendem Volk, mit zwei ‚Haupttummlern', die sich unter ihnen im Kreise bewegen.

In den angeführten vielbesprochenen Versen, welche neuerdings für einen jüngeren Zusatz der Schildbeschreibung gelten, herrscht Unsicherheit über den Sinn des Wortes χορός. Aristonikos verstand einen Tanzplatz, was die meisten neueren Erklärer, O. Müller, Welcker, Nitzsch, Preller u. A. festhalten. Für diese Auffassung hat Eugen Petersen (Kritische Bemerkungen zur ältesten Geschichte der griechischen Kunst, Ploen 1871, S. 21 folg.) geltend gemacht:

1) den stehenden Gebrauch von ἀσκεῖν im Sinne eines kunstreichen räumlichen Bildens;

2) die bei Homer herrschende räumliche Bedeutung von χορός, die auch den Beiworten der Städte εὐρύχορος und καλλίχορος zu Grunde liege und nur an zwei Stellen der Ilias Γ 393 und Σ 603 klar in die nächste Bedeutung des Tanzes übergehe;

3) ἔνθα μὲν, was sich nicht auf den Reigen, sondern nur auf das Local, richtiger auf die bildliche Andeutung des Locales, beziehen könne;

4) dass in den übrigen Darstellungen des Schildes immer das Local der Handlung ausdrücklich bezeichnet sei:

5) dass die Analogie der übrigen dem Daidalos zugeschriebenen Werke die Erklärung begünstige.

Diese Gründe sind in der Hauptsache so überzeugend, dass ich es nur aus der bestehenden Dunkelheit der Vorstellung, wie ein Tanzplatz in den Schilderreliefs bildlich habe angedeutet werden können, zu verstehen vermag, wenn Overbeck, Helbig, Robert u. A. einen von Pausanias (IX 40, 3; VII 4, 5; VIII 16, 3) überlieferten Erklärungsversuch billigen, welcher ein in Knossos vorhandenes alterthümliches Marmorrelief, das einen Reigentanz darstellte, als Object der homerischen Vergleichung heranzog. Ohne ersichtlichen Grund freilich hielt Bergk, Griechische Literaturgeschichte I, S. 626, 251 dieses Relief für spät und erst auf Anlass der homerischen Verse angefertigt. Aber gerade das, was Helbig, Das homerische Epos[2], S. 424 zu Gunsten seiner Auffassung anführt, dass es eine uralte Sitte gewesen sei, in den Heiligthümern Bildwerke aufzustellen, welche die zu Ehren der Gottheit vorgenommenen Handlungen vergegenwärtigten, wie denn primitive plastische Darstellungen von Reigentänzen in Bronze, Thon und Kalkstein sich in Olympia und Kypros gefunden hätten, macht es an sich — von allem Anderen abgesehen — höchst unwahrscheinlich, dass ein Homeride aus dieser Menge bekannter, gleichartiger und weitverbreiteter Denkmäler ein ‚zu seiner Zeit berühmtes' Exemplar zu Knossos herausgegriffen haben sollte; während vielmehr das Andere natürlich ist, dass ein später Gelehrter auf dieses Monument hinwies, um eine Verlegenheit der Homererklärung zu beseitigen. Hat diese Verlegenheit doch in neuester Zeit sogar dazu verführt, die beiden fraglichen Verse 591, 592 als eine ungeschickte Interpolation auszuscheiden, ein Versuch, den E. Kuhnert wagte, in der Abhandlung über Daidalos im XV. Supplementbande des Jahrbuches für classische Philologie, S. 207.

Die Dunkelheit schwindet aber, wenn man eine Eigenart schlicht erzählender Bildwerke in Betracht zieht. Der naiv verfahrende Künstler zerlegt, was er nicht auf einmal bewältigen und als Ganzes fassbar geben kann. Assyrische Reliefs verdeutlichen den Auszug aus einer Stadt durch eine Figurenreihe, die von dem Grundrisse der Stadt hinwegschreitet; sie verlegen Scenen, die in einem Zelte vorgehen, vor oder neben dasselbe, ordnen Gegenstände übereinander an, welche hintereinander zu denken sind, u. s. w. In der nämlichen Weise bildet nun Hephaistos zunächst den Tanzplatz, und neben diesem dann den Reigen der Tanzenden; den Tanzplatz bildet er aber geometrisch — wie der Reliefstil Bauwerke, Festungen, Städte im Grundriss veranschaulicht — der Ornamentfigur des Labyrinths entsprechend. Der Choros des Daidalos, den Homer bei Knossos kennt, ist also irgendwie kunstvoll gebaut daselbst in der Gestalt zu denken, an welche die Münzbilder von Knossos erinnern: möglicher Weise als das Local, das man noch spät bei Knossos zeigte (Philostr. vita Apoll. IV 34, S. 174 παραπλεύσας ἐς Κνωσσὸν τὸν μὲν Λαβύρινθον, ὃς ἐκεῖ δείκνυται κτλ.), verschieden von dem notorisch fabelhaften kretischen Labyrinthe, das nach Plinius und Diodors wunderlichem Berichte spurlos verschwunden war.[1] Der aus der Ariadnesage abgeleitete delische Geranostanz war nach dem von Plutarch überlieferten Zeugnisse des Dikaiarch eine Nachbildung der Wundergänge des knossischen Labyrinths und vollzog sich in bald vor-, bald rückwärts laufenden Ringelbewegungen in περιελίξεις καὶ ἀνελίξεις, eine trefflich klare Bezeichnung, welche durch die Ornamentfigur des Labyrinths genau erläutert wird. Uebereinstimmend aber schildert Homer den Tanz auf dem Achilleusschilde mit dem poetischen Vergleiche in V. 600, 601, der erst durch die Ornamentfigur des Labyrinths verständlich wird und dann eine erstaunlich scharfsinnige Prägnanz gewinnt: wie der Töpfer die Töpferscheibe probirend andreht, d. h. mehrfach im Kreise vorwärts und im Kreise wieder rückwärts laufen lässt. Diese Bewegung konnte das Relief an dem Reigen der Tanzenden selbst nicht darstellen, wohl aber durch die beigegebene Figur des Tanzplatzes für Jeden, der den Sachverhalt kannte, klar andeuten. Jener

---

[1] Der Grundriss einer hochalterthümlichen räthselhaften Anlage ist neuerdings bei Knossos in Tastgrabungen theilweise aufgedeckt worden, vgl. Fabricius in den Mittheilungen des kais. deutschen archäologischen Institutes in Athen XI, S. 136. In demselben hat W. J. Stillmann, second annual report of the Archäological Institute of America S. 47 das Labyrinth des Daidalos vermuthet. Vgl. Spratt, Travels in Crete I, S. 58. Falkener, Museum of classical antiquities II, S. 275.

Vergleich bestätigt daher die vorgetragene Auffassung und zeigt zugleich, dass die Kreisform der Labyrinthfigur keineswegs jünger ist als die maiandrisch eckige, was ja der alterthümliche Krug von Tragliatella für sich allein lehren würde. Die Labyrinthfigur des Tanzplatzes erhellt aber auch alle anderen Ausdrücke der homerischen Beschreibung, namentlich:

1) ἐπὶ στίχας ἀλλήλοισιν, d. h. die Bewegung erfolgt reihenweise einander entgegen;

2) ῥεῖα μάλ', d. h. die Tänzer hüpfen den viel verschlungenen Gängen entlang leicht und mühelos, weil das Schema dieser Gänge genau vorgezeichnet ist;

3) ποικίλλε V. 590, ein Hapax, das Nauck in ποίησε ändern wollte, wodurch ein Edelstein sprachlicher Prägnanz ausgebrochen würde; denn die beiden Begriffe, die nach homerischem Gebrauche in dem Wortstamme liegen, einerseits das zierlich Bunte (ποικίλος πέπλος, ποικίλα τεύχεα, πέπλος κάλλιστος ποικίλμασι u. s. w.), anderseits das klug Ersonnene, erfindungsreich Verschlungene (δεσμὸς ποικίλος 0 448 von dem Zauberknoten, welchen Kirke dem Odysseus lehrte, ποικιλομήτης von Odysseus und Hermes) wirken hier zusammen und fliessen in einander über, da ja die verschiedenen Stoffe, welche Hephaistos für den Schild benutzt: Erz, Silber, Gold und dunkler Schmelz (κύανος) in den einzelnen Streifen der Labyrinthfigur abwechselnd verwandt sein werden. Von der Bewegung der Tanzenden jedesfalls verschieden muss diejenige der beiden ‚Haupttummler' gedacht werden, die sich vielleicht quer durch die Reihen überschlugen.

So ergibt sich denn eine strenge Parallele. Wie altionische Bildwerke, auf welche Homer zurückschliessen lässt, den Geranostanz darstellten durch einen Reigen von Figuren neben der Labyrinthfigur des Tanzplatzes, so stellt der altetruskische Krug von Tragliatella, der ja auch meinerseits von altionischen Bildwerken abhängt, das Trojaspiel dar durch einen Zug bewaffneter Reiter neben der Labyrinthfigur des Spielplatzes, nach dem es benannt wurde. Derartige Plätze[1]

---

[1] Nach einer bekannten stadtrömischen Inschrift (CIG III, 5921; CIL VI, 10091; Kaibel IGS 1093) hat ein Marmararios aus Tripolis ein Labyrinth errichtet ἀπάτῃ τοῖς ζῶσιν. εὐφραίνεσθ(ε), φίλοι, εἰς λαβύρινθον ἀεί. μαρμαρίων τὸ γένος πᾶξε, Σέραπι. ὁ τόπος λαβύρινθος. Löwy, Inschriften griechi-

kennt für Knabenspiele Plinius, Nat. hist. XXXVI 85, wo er sie bei Besprechung des fabelhaften kretischen Labyrinths in Vergleich zieht und bemerkt, dass sie auf kleinem Raume Gänge von mehreren Tausend Schritten Ausdehnung enthielten (brevi lacinia milia passuum plura ambulationis continentem). Im Hinblick auf die Labyrinthfigur erhält nun auch die classische Schilderung des Trojaspieles bei Vergil volle Anschaulichkeit, insbesondere sein Vergleich V 588:

> ut quondam Creta fertur Labyrinthus in alta
> parietibus textum caecis iter ancipitemque
> mille viis habuisse dolum, qua signa sequendi
> falleret indeprensus et inremeabilis error,
> haud alio Teucrum nati vestigia cursu
> inpediunt texuntque fugas et proelia ludo.

Das Trojaspiel ist also sicher altitalisch; der Name, den Klausen gewiss richtig von dem altlateinischen truare ableitete, lautete ursprünglich truia und bezeichnete den Tummelplatz; erst später ist er in gelehrter Verwerthung des Gleichklanges mit Troja in Verbindung gebracht worden.

Verbesserungen: S. 15, Z. 27 ist statt ‚obwohl' zu setzen: ‚selbst wenn (Sempronia) durch Geburt zur plebejischen Nobilität gehörig' (war); meinerseits bin ich ja für die Patricität der Sempronii Atratini dieser Zeit entschieden genug eingetreten: CP. 48 und PF. 5, 9, 14 f. — S. 5, Z. 2 v. u.: gestaltet (für: gestattet). — S. 7, Z. 7: Taur. 1406 μᾶλλον μᾶλλον.

---

scher Bildhauer u. 471 vermuthet ‚eine Gartenanlage mit einem Grabmal'. — Vergl. L. Bormann zu C. I. L. XI 1422.

Register

über die, in den vier von dem Patriciate der römischen Republik handelnden Untersuchungen CP, PF, CAT (vgl. oben S. 1, Anm. 1) und RS (= die römischen Spiele und der Patriciat) besprochenen, durch grössere Ziffern für die Zahlen der Seiten, durch kleinere für die der Anmerkungen bezeichneten

1. Stellen aus römischen und griechischen Autoren:

Aeschylos:
  Sieben gegen Theben
    Vers 574 . . . . . RS 12 [1]
Appian ed. Mendelssohn:
  Bella civilia
    1, 55 . . . . . . PF 39 [4]
    1, 75 . . . . . . PF 40 [3]
    1, 86 . . . . . . PF 21 [5]
    1, 105—107 . . . PF 11 [7]
    2, 5 . . . . . . RS 23 [5]
    2, 94 . . . . . . CAT 5 [1]
    2, 95 . . . . . . CAT 4
    2, 98 . . . . . . PF 30 [6]
    2, 99 . . . . . . PF 22 [6]
    2, 105 (671, 9) . . PF 11 [8]
    3, 9 . . . . . . CP 10 [6]
    3 fr. 50 . . . . . CP 10 [6]
    3, 57 . . . . . . CP 11 [3]
    3, 58 . . . . . . CP 11 [3]
    3, 89 . . . . . . CP 61 [5]
    3, 94 . . . . . . CP 61 [5]. 63 [9]
    3, 95 . . . . . . CP 63 [9]
    4, 29 . . . . . . RS 21 [3]
    5, 15 . . . . . . RS 27 [4]
    5, 24 . . . . . . CP 22 [6]
    5, 43 . . . . . . RS 27 [2]
    5, 51 . . . . . . CP 22 [7]
    5, 51 . . . . . . CP 22 [6]
  Mithridates:
    95 . . . . . . RS 23 [3]
Apollinaris Sidonius:
    8, 20 . . . . . . CP 7 [11]

Apulejus: Metamorph.
    XI, 21 . . . . . . RS 6
Aristophanes:
    Frieden 762 . . . . CAT 19 [3]
    Frösche 101 . . . . RS 7
Asconius ed. Kiessling:
  (Seiten u. Zeilen)
    10 . . . . . . PF 19 [5]
    12 . . . . . . PF 19 [6]
    15, 34 . . . . . . CP 39 [6]
    16 . . . . . . CAT 21 [1]
    17 . . . . . . CAT 21 [1]
    18, 9 . . . . . . CP 39 [5]
    20, 16 . . . . . . CP 40 [3]
    22 . . . . . . CP 64 [3]
    24, 12 . . . . . . CP 40 [3]
    25 . . . . . . CAT 21 [1]
    27, 6 . . . . . . PF 30 [9]
    27, 9 . . . . . . CP 61 [3]
    29, 5 . . . . . . CP 63 [2]. PF 29 [2]
    29, 21 . . . . . . CP 63 [7]
    30, 2 . . . . . . CP 64 [7]
    30, 4 . . . . . . CP 64 [7]
    30, 16 . . . . . . CP 49 [5]
    35 . . . . . . PF 19 [6]
    36, 7 . . . . . . CP 64 [7]
    36, 27 . . . . . . CP 7 [11]
    37, 26 . . . . . . CP 63 [4]
    37, 29 . . . . . . PF 30 [4]
    38, 2 . . . . . . CP 63 [3]
    38, 3 . . . . . . PF 30 [4]

39, 3	CP 62[5]. 63[1].
	PF 32[6]
48, 3	CP 64[7]
48, 7	CP 64[7]
48, 8	CP 64[7]
79, 25	CP 58[5]
84, 4	CP 16[4]
D. Augusti res gestae ed.[1] Mommsen:	
p. 20	CP 8[4]
I, 7	CP 62[1]
VI, 17	CP 62[1]
Ausonius ed. Peiper:	
25, 8	CAT 34[1]
8, 6	CAT 35[1]
Caesar:	
Bellum Africanum	
89	PF 22[6]
Bellum civile	
1, 85	CP 5[2]
2, 28	PF 22[7]
2, 44	PF 22[7]
3, 62	PF 25[6]
3, 80	CAT 20
Bellum Gallicum	
1, 22	PF 43[7,9]
4, 22, 3	CAT 13[3]
4, 23	CAT 14
4, 38, 5	CAT 14
5, 1, 5	CAT 18
5, 11, 3	CAT 17[4]
5, 12	CAT 14
5, 12, 4	CAT 11[4]
5, 22	CAT 12[4]
5, 23	CAT 14[1]
7, 6, 1	PF 44[1]
7, 7	CAT 23[1]
Cato Major:	
Fr. 84 ed. Peter	PF 18[2]
Catullus:	
3, 10	CAT 29
10	CAT 36
11, 16	CAT 38[2]
13	CAT 20[3]
14	CAT 9. 23
15	CAT 24
16, 3	CAT 19[2]
20	CAT 11[1]
21	CAT 24
22	CAT 36
23	CAT 11[1]
26	CAT 24
27	CAT 37
29	CAT 3[1]. 11[1]. 14[1].16.17. RS 6.
29, 11	CAT 3[1]
30	CAT 36
31	CAT 21[3]
34, 9	CAT 29
35, 14	CAT 29
37, 2	CAT 38[2]
38, 3	RS 6. 7[2]
44	CAT 37
45, 21	CAT 11[3]
49	CAT 8[2]. 9[4]. 22.
52	CAT 4
53	CAT 23
54	CAT 3[1]. 23.
56	CAT 20
58	CAT 23. 38[2]
61	CAT 27. 29. 31
63	CAT 29
64	CAT 29. RS 7.
65, 20	CAT 31[1]
66, 76	CAT 31[1]
67	CAT 33
68	CAT 20. 22[1]. 25. 26. 27. 28. 29[1]. RS 3. 4. 5. 7.
69	CAT 23
71, 3	CAT 29[1]
76	CAT 19
77	CAT 23
79	CAT 20
82	CAT 32
83	CAT 39
86	CAT 38
91	CAT 29
93	CAT 3[1]
94	CAT 17
95	CAT 23
96	CAT 23
97	CAT 32

100	CAT 23. 32.
102	CAT 33
103	CAT 23
105	CAT 17
114	CAT 17
115	CAT 17

Cicero:
a) Reden.
Pro Balbo:

28, 63	CAT 10 [3]
28, 64	CAT 10 [3]

in Caecilium:

19, 63	PF 8 [2]

pro Caecina:

35, 102	CP 48 [3]

pro Caelio:

1, 2	CP 48 [4]
3, 7	CP 48 [3, 4]
6, 13	CAT 20 [1]
7, 15	CP 48 [4]
7, 17	CAT 38 [2]
19, 46	CAT 19 [1]
20, 47	CAT 38 [2]
31, 75	CAT 38 [2]
31, 76	CP 48 [3]

in Catilinam:

1, 9, 22	RS 17
1, 10, 26	RS 17 [1]
2, 9, 20	CP 30 [4]
2, 12, 26	CP 34 [7]
3, 4, 9	CP 31 [3, 4]
3, 4, 10	CP 20 [12]
3, 7, 16	RS 17 [1]
3, 9, 22	CP 35 [10]. RS 29
4, 8, 116	CP 35 [11]. PF 8 [1]. RS 29
4, 10	CP 20 [12]

pro Deiotaro:

2, 4	CP 6 [9]
2, 5	CP 6 [9]
3, 8	CP 6 [10]

de domo:

1, 1	CP 60 [7]
9, 49	PF 16 [3]
14, 38	CP 49 [1]
45, 118	CP 47 [15]

52, 134	CP 47 [15]

pro Flacco:

38, 95	CP 21 [1]. 44 [3]
38, 96	CP 20 [12]
40, 102	CP 44 [1]
41, 103	CP 44 [2]

de lege agraria:

2, 11, 26	PF 35 [2]
2, 12, 31	CP 28 [4]. 48 [10]
2, 13, 32	CP 42 [3]
2, 22	PF 11 [4]
2, 36, 100	CP 15 [6]
2, 64	CAT 21 [5]
3, 2, 5	CP 62 [3]
3, 13	PF 28 [4]

de lege Manilia:

19, 58	CP 55 [6]
23, 68	CP 55 [6]

pro Ligario:

3, 9	CP 7 [12]
5, 15	CP 8 [1]

pro Marcello:

8, 26	CP 5 [1]

pro Milone:

5, 10	CP 7 [11]
5, 13	CP 62 [9]
8, 7	CP 64 [10]
13, 33	CP 64 [10]
15, 39	CP 45 [4]
27, 73	CP 64 [8]
27, 75	CP 41 [5]
28, 77	CP 7 [11]
29, 80	CP 7 [11]
33, 87	CP 64 [6]

pro Murena:

3, 7	CP 33 [1]
4, 9	CP 33 [1]
6, 13	CP 33 [4]
7, 15	CP 33 [3, 4, 5]. PF 6 [3, 5, 6]
7, 16	CP 33 [7]
8, 17	CP 34 [2, 9, 10]. PF 6 [5]
27, 56	PF 6 [7]
35, 73	CP 34 [4]. PF 8 [1]
49—51	CP 15 [7]
51	CP 15 [7]

Philippicae:

1, 11, 28	CP 18 [3]
1, 12, 29	CP 5 [1]
1, 13, 33	CP 9 [5]
1, 14, 34	CP 31 [3]
2, 4, 7	CP 33 [3]
2, 5, 12	CP 58 [1]
2, 6, 1	CP 10 [4]. 22 [5]
2, 6, 15	CP 59 [2]
2, 7, 17	CP 21 [5]
2, 14, 34	CP 21 [5]
2, 25, 62	CP 19 [2]
2, 25, 63	CP 19 [1]
2, 29, 74	CP 9 [5]
2, 34, 84	CP 9 [3]
2, 34, 87	CP 9 [3]. 19 [9]
2, 42, 108	CP 31 [3]
3, 5, 12	CP 9 [3]
3, 6, 15	CP 15 [6]
3, 10, 25	CP 45 [9]
3, 14, 35	CP 38 [7]
4, 6, 15	CP 20 [11]
4, 10	CP 30 [7]
5, 1, 1	CP 10 [3]. 13 [1]
5, 2, 5	CP 11 [1]
5, 3, 7	CP 9 [4]
5, 6, 17	CP 31 [3]
5, 7, 20	CP 30 [6]
5, 12, 33	CP 30 [5]
6, 1, 3	CP 10 [4]. 22 [5]
7, 4, 14	CP 10 [7]
8, 1, 3	PF 46 [1]
8, 3, 9	CP 30 [7]
8, 4, 11	CP 13 [5]
8, 4, 12	CP 13 [5]
8, 5, 17	CP 58 [6]
8, 5, 15	CP 13 [5]
8, 5, 16	CP 22 [4]
8, 7, 22	CP 37 [1]
8, 10, 28	CP 58 [6]
8, 19, 41	CP 6 [11]
8, 19, 42	CP 9 [7]
9, 2, 4	CP 38 [4]
9, 4, 8	CP 37 [3]
9, 5, 10	CP 33 [6]. 38 [3]
9, 6, 13	CP 32 [9]
10, 1, 3	CP 10 [2]. 13 [4]
10, 2, 4	CP 13 [4]
11, 6, 15	CP 13 [3]
11, 8, 18	CP 58 [6]
12, 1, 1	CP 13 [2]
12, 6, 14	CP 11 [7]
12, 7, 18	CP 11 [7]
12, 11, 27	CP 30 [11]
12, 19, 41	CP 30 [9]
12, 26, 11	CP 30 [4]
13, 10, 22	CP 20 [11]
13, 13, 28	CP 30 [12]
14, 4, 10	CP 30 [10]
14, 8, 24	CP 9 [3]
14, 9, 3	CP 58 [6]

in Pisonem:

15, 35	CP 41 [9]
19, 44	CP 47 [3]
22, 47	CP 47 [3]

pro Plancio:

6, 14	PF 6 [4]
24, 59	CP 15 [7]

de provinciis consularibus:

9, 73	CP 7 [2]
13, 32	CP 6 [5]
17, 40	CP 5 [4,5]
18, 42	CP 5 [6]
18, 44	CP 14 [1]
20, 47	CP 5 [7]. 7 [1]

pro Quinctio:

8, 31	CP 51 [1]

ad Quirites:

5, 11	CP 45 [3]

pro Rabirio:

5, 15	PF 22 [5]

post reditum in senatu:

11, 28	CP 45 [3]

pro Roscio Amerino:

6, 16	PF 45 [8]
39, 112	CP 33 [2]
46, 137	CP 6 [1]

pro Scauro:

1, 4	CP 40 [4]
14, 31	CP 55 [3]
24, 49	CP 39 [4]

pro Sestio:

3, 6	CAT 37 [3,4]
3, 7	CAT 37 [6]

4, 9	CP 35 [5]
7, 16	CP 6 [7]
9, 21	CP 15 [7]
15, 34	CP 64 [5]
32, 70	CP 45 [3]
33, 72	CP 45 [3]
35, 77	CP 49 [2]
53, 114	CAT 8 [3]
54, 116	CP 40 [6]
63, 132	CAT 71
64, 134	CAT 5 [5]
65, 135	CAT 5 [4]
69, 144	CP 45 [5]

pro Sulla:

4, 11 u. 12	CP 35 [5], 47 [4,5]. RS 17 [3]
5, 17	CP 35 [5]
6, 20	CP 43 [3]
7, 22	CP 15 [7]
8, 23	CP 35 [7,9]. PF 6 [6]. CAT 32 [1]
8, 24	CP 21 [1]
11, 33	CP 20 [10]
12, 34	CP 47 [2]
14, 42	CP 42 [5]
19, 53	CP 33 [5]
19, 54	PF 45 [7]
29, 81	CP 47 [1]

in Vatinium:

2, 4	CAT 5 [5]
2, 6	CAT 7 [5]
3, 6	CP 58 [8]
4, 10	CP 58 [8]
5, 11	CAT 8 [1]
6, 14, 15	CP 6 [6]. 60 [1]. CAT 5 [5]
9, 23	CP 58 [8]
16, 38	CAT 8 [3]
16, 39	CAT 5 [4]
71, 6	CAT 6 [2,3]

in Verrem:
act. I

10, 23	CP 38 [10]

act. II

1, 36, 13	CP 40 [5]
1, 38, 97	CP 51 [1]
1, 39, 100	PF 6 [7]. 7 [8,9]
1, 53, 139	CP 58 [8]
1, 61, 158	PF 7 [5]
2, 49, 122	PF 13 [6]
3, 3, 7	CP 15 [3]
3, 7 u. 8	CP 15 [7]
3, 13	CP 15 [3]
3, 35, 81	CP 6 [2]
5, 71, 181 u. 182	CP 15 [7]

b) philosophische Schriften:

Brutus:

1, 1	CP 49 [7]
14, 53	PF 17 [4], 18 [6], 19 [3]
16, 62	CP 15 [6]. PF 14 [2]. 20
22,	PF 17 [3]
36, 136	RS 30 [1]
41, 151	CP 32 [6,7]
70, 246	CP 43 [4]
70, 247	PF 25 [6]
72, 253	CP 7 [7]
76, 265	CP 47 [5]. CAT 21 [16]
76, 266	CP 47 [7]
77, 267	CP 42 [4]
77, 268	CP 45 [5]

consolatio ed. Kayser:

fr. 19	CP 37 [10]

de deorum natura:

1, 4, 7	CP 5 [9]
1, 4, 8	CP 29 [7]
3, 80	CP 37 [10]

de divinatione:

1, 4, 7	CP 29 [4]
1, 11, 17	CP 36 [7]
1, 12, 20	RS 29
1, 16, 30	CP 20 [12]. 36 [1]. PF 13 [2]
1, 26, 55	RS 41 [2]
1, 30, 63	CP 42 [2]
1, 32, 68	CP 29 [6]
1, 58, 132	CP 7 [12]
2, 11, 20	PF 8 [5]
2, 33, 70 u. 71	CP 29 [3]
2, 35, 75	CP 42 [3]
2, 55, 113	CP 7 [12]

de finibus:
2, 22, 72 . . . . CP 47 [11]
de inventione:
2, 9, 28 . . . . PF 14 [6]
Laelius:
2, 9 . . . . . . CP 37 [10]
10, 34 . . . . . . CP 33 [7]
de legibus:
1, 1, 1 . . . . . PF 20 [4]
1, 3, 8 . . . . . CP 36 [1]
2, 1, 3 . . . . . CP 15 [4,6]
2, 3, 6 . . . . . CP 50 [9]
2, 8, 19 . . . . CP 49 [4]
2, 13, 33 . . . . CP 49 [5]
2, 22 . . . . . PF 11 [10]
3, 3, 9 . . . . . CP 32 [1]. 50 [7]
3, 8—12 . . . . CP 32 [2]
3, 11—25 . . . . CP 32 [3]
3, 14, 31 . . . . CP 50 [a]. 58 [8]
de officiis:
1, 35 . . . . . . PF 11 [3]
1, 39 . . . . . CP 41 [1]. 50 [8]
1, 42 . . . . . . CP 16 [1]
2, 1, 2 . . . . . CP 30 [1]
2, 9, 31 . . . . CP 5 [1]
2, 19, 65 . . . . CP 33 [6]
3, 10, 40 . . . . CP 50 [9]
3, 16, 65 . . . . CP 50 [12]
3, 16, 67 . . . . CP 50 [12]
3, 17, 68 . . . . CP 50 [11]
de oratore:
1, 15 . . . . . CP 64 [5]
1, 39 . . . . . PF 13
1, 154 . . . . . CAT 29 [1]
59, 240 . . . . RS 30 [1]
de republica:
1, 1, 1 . . . . . CP 38 [6]
1, 6, 10 . . . . CP 34 [2]
1, 19, 31 . . . . CP 38 [8]
2, 9, 16 . . . . CP 8 [4]. 50 [4].
         PF 21
2, 12, 23 . . . . CP 50 [1]. 58 [8]
2, 20 . . . . . RS 42 [3]
2, 20, 35 . . . . CP 50 [5]
2, 37, 63 . . . . CP 65 [1]
de senectute = Cato major:
1, 8 . . . . . . CP 29 [7]

19, 68 . . . . . CP 37 [10]
Tuskulanae disputationes:
1, 16, 36 . . . . CP 15 [4]
1, 16, 37 . . . . CP 41 [2,3]
3, 28, 70 . . . . CP 37 [10]
5, 19, 55 . . . . PF 42 [4]
c) Briefe:
ad Atticum:
1, 13, 2 . . . . CP 43 [5]. 58 [3]
1, 14 . . . . . . CP 12 [2]. 43
                    [7]
1, 19 . . . . . CP 36 [1]
2, 9, 2 . . . . . CAT 5 [4]
2, 16 . . . . . PF 6 [8]
2, 17 . . . . . CP 12 [3]
2, 25 . . . . . CP 44 [4]
4, 2, 3 . . . . . CP 46 [4]
4, 3, 3 . . . . . CP 46 [4,8]
4, 5 . . . . . . CP 5. 52 [2,3].
                    4, 5, 6. 58 [5]
4, 7, 2 . . . . . CP 37 [2]
4, 8 . . . . . . CP 34 [3]
4, 15, 1 . . . . CP 56 [1]
4, 15, 4 . . . . CP 53 [5]
4, 16, 6 . . . . CP 40 [7,8]
4, 16, 7 od. 13 . . CAT 14 [7]
4, 16, 13 . . . . CAT 12 [2]
5, 4, 2 . . . . . PF 16 [4]
5, 10, 5 . . . . CAT 29 [1]
5, 20, 6 . . . . CP 5 [1]
5, 21, 13 . . . . CP 54 [2]
6, 1, 8 . . . . . CP 55 [6]
6, 3, 4 . . . . . CP 46 [6]
6, 6, 1 . . . . . CP 54 [8]
7, 1 . . . . . . CP 53 [9]
7, 7, 6 . . . . . CAT 10 [3]
7, 8, 2 . . . . . CP 55 [8]
7, 20, 1 . . . . CP 46 [2]
8, 1, 3 . . . . . CP 36 [6]
8, 3, 6 . . . . . CP 31 [3]
9, 2, 3 . . . . . PF 7 [4]
9, 5 . . . . . . CP 12 [4]
9, 5, 1 . . . . . PF 7 [4]
9, 6, 2 . . . . . PF 7 [5]
9, 11. A 3 . . . CP 45 [6]. 53 [12]
9, 18, 2 . . . . CP 45 [7]
10, 8, 6 . . . . CP 7 [8]

10, 9, 3	CP 32[6]. CAT 37[1]	3, 8, 7	CP 41[6]
10, 10, 5	CP 32[9]	3, 9, 1	CAT 29[1]
10, 14	CP 36[10]. 37[1]	3, 9, 3	CP 42[3]
10, 19	CP 7[10]	3, 10, 7	CP 41[7, 10]
10, 28, 3	CP 38[1]	3, 10, 9	CP 41[11]. 42[1,2]
11, 7, 4	CP 37[5]	3, 12, 2	CP 54[7]. 55[1,2]
11, 8	CP 12[5]	3, 12, 3	CP 55[3]
11, 15	CP 12[6]	4, 1, 1	CP 36[5]
11, 16	CP 12[7]	4, 2, 1—4	CP 32[8]. 36[9]. 37[8]. CAT 37[1]
11, 22, 3	CP 43[11]		
12, 32, 2	CP 46[8]	4, 2, 3	CP 37[1]
12, 38, 2	CP 25[5]	4, 2, 4	CP 36[8]
12, 39, 1	CP 25[6]	4, 3, 3	CP 32[7]
12, 49, 1	PF 7[7]	4, 2	CP 5[9]
12, 51	PF 43[3]	4, 3	CP 4[2]. 51[5]
13, 10, 1	CP 37[4]	4, 41	CP 4[2]
13, 19, 4	CP 64[4]	4, 5, 2	CP 37[9]
13, 20, 1	CP 7[6]	4, 6, 1	CP 37[10]
13, 21, 3	CP 26[1]	4, 6, 3	CP 4[2]
13, 27, 1	PF 43[3]	4, 6, 8	CP 5[5]
13, 28, 1	PF 43[3]	4, 6, 9	CP 5[3]
13, 31	PF 43[4]	4, 6, 10	CP 5[3]
13, 52, 2	CP 7[5]	4, 6, 13	CP 5[3]
14, 1, 2	CP 7[4]	4, 12, 2	CP 46[8]
14, 2, 3	CP 7[4]	4, 3, 1 u. 2	CP 37[6]
14, 3, 2	CP 37[3]	4, 1	CP 37[7]
14, 9, 2	PF 7[4]	6, 1—4	CP 47[10] CAT 37[6]
14, 15, 2	CP 37[2]		
14, 19, 4	CP 37[1]	6, 1—6	CP 32[5]
14, 52, 1	CAT 17[5]	6, 4, 5	CP 32[5]
15, 4, 3	CP 6[1]	7, 7, 1	CAT 11[4]. 17[3]
15,	CP 12[8, 9]	7, 11, 1	CP 62[8]
16, 11, 1 u. 3	CP 5[1]	7, 16, 2	CAT 17[2]
16, 11, 8	CP 11[1]. 12[10]	7, 16, 3	CAT 17[3]
ad Brutum (?):		8, 10, 3	CP 36[4]
2, 5, 4	CP 13[4]	8, 11, 2	CP 44[6]
ad familiares:		8, 12, 1	CP 41[5]
1, 1	CP 45[1]	8, 17, 1	PF 44[4]
1, 7, 11	CP 53[2]	9, 2	PF 15[5, 7]
1, 9, 1	CP 45[2]	9, 3	PF 15[6]
1, 9, 4	CAT 9[1]	9, 7, 1	PF 22[6]
1, 9, 19	CAT 8[4]. 9[1]	9, 16	PF 43[2]
1, 9, 20	CP 53[3]	9, 18, 2	CP 7[12]
2, 16, 5	CP 35[5]	9, 20	CP 53[8]
3, 4, 1	CP 36[3]. 42[3]	9, 21, 2	CP 48[2]. PF 15[3]. 19[3]
3, 7, 5	CP 51[3]. 54[3]		

9, 22	PF 15 [3]
10, 12, 4	CP 36 [9]
10, 31, 3	CP 26 [11]
10, 31	CP 26 [7]
10, 31—33	CP 26 [3]
10, 31, 2	CP 26 [5]
10, 31, 6	CP 26 [4]
10, 33	CP 26 [6]
10, 33, 4	CP 26 [9, 12]
10, 33, 5	CP 26 [5, 9, 10]
12, 2, 1	CP 11 [6]
12, 3	CP 38 [1]
12, 4	CP 11 [5]
12, 18, 2	CP 6 [4]
12, 24, 2	CP 68 [5]
13, 5, 2	PF 6 [5], 7 [1,6]
13, 9, 2	CP 15 [3]
13, 10, 2	CP 56 [2]
13, 13, 2	CP 56 [2]
13, 13, 64	CP 54 [10]
13, 14, 1	CP 55 [9]
13, 19, 1	CP 7 [5]
13, 64	PF 23 [1]
13, 69, 1	CP 35 [2]. PF 6 [9], 7 [2]
13, 77	CP 39 [1]
15, 12	CP 46 [7]
15, 13	CP 46 [7]
15, 14, 15	CP 46 [6]
15, 17	PF 12 [1]
16, 11	PF 44 [2]
ad Quintum fratrem:	
2, 1, 16	CP 40 [9]
2, 4, 2	CP 51 [5]
2, 6, 2	CP 53 [1]
2, 15, 3	CP 40 [1]
3, 1, 12	CAT 17 [2]
3, 1, 3	PF 7 [4]
3, 3, 2	CP 43 [9]. 47 [6]
3, 5, 3	CP 5 [1]
3, 8, 3	CP 43 [9, 10]
(Ciceronis) in Sallustium: RS 9 [2]	
Coelius Antipater: RS 42	
Cornelius Severus:	
37	CP 20 [12]. 36 [2]. RS 29 [1]. cf. Seneca rhetor

Cornelius Nepos:	
Atticus:	
2	PF 45 [9]
11	CP 47 [9]
12, 4	CAT 33
15	CP 47 [9]
Dictys Cretensis:	
1, 19	RS 6
3, 3	RS 6
Cassius Dio:	
Fr. 22, I 28	PF 14 [9]
Fr. 102, Dindorf I 140	PF 40 [5]
37, 31	PF 45 [6]
37, 36	RS 23 [5]
38, 8	RS 27
38, 18—30	PF 27
39, 63	CAT 13 [2]
40, 5	PF 29 [3]
40, 22	RS 43
40, 45	PF 33 [5]
42, 20	CAT 4
42, 21	CP 19 [6]
42, 27	CAT 5 [1]
42, 29	CP 55 [9]
42, 52	CAT 5 [2]
42, 55	CAT 5 [1]
43, 9	RS 9 [2]
43, 12	PF 22 [6]
43, 47	PF 28 [7]
45, 2	CP 8 [2]
45, 17—47	CP 8
45, 20	CP 14 [2, 21 [2]
45, 20	CP 22 [3]
45, 22	CP 9 [4]
45, 23	CP 9 [4]
45, 24	CP 9 [4]
45, 26	CP 9 [4]
45, 27	CP 9 [4]
45, 28	CP 10 [1]. 19 [5]
45, 30	CP 9 [3]
45, 31	CP 9 [7]
45, 32	CP 9 [3]. 26 [4]
45, 42, 6	CP 21 [7]. 31 [6]
45, 45	PF 29 [3]
45, 46	CP 14 [3]. 9 [3]
45, 47	CP 8 [5]
46, 1	CP 14 [5]

46, 2	CP 14 [6]. 21 [4]. 22 [1]		6, 6	RS 37
			6, 6—10	RS 39
46, 3	CP 14 [6]. 17 [6]		6. 30	RS 37
46, 4	CP 15 [1]. [3]. [5]		6, 70	PF 19 [4]
46, 5	CP 15 [2]. [3]. [5]. 18 [4]. [9]		6, 95	RS 41
			7, 71 u. 72	RS 36 [3]. [4]. 39. 40
46, 7	CP 4 [1]. 15 [3]			
46, 9	CP 16 [1]		10, 14—16	PF 35 [4]
46, 11	CP 16 [2]. 19 [1]		10, 32	PF 17 [2]
46, 12	CP 19 [1]. [2]		**Euripides:**	
46, 13	CP 19 [2]. [6]		Iphigenia Taur.;	
46, 14	CP 19 [7]		1406	RS 7
46, 15	CP 19 [7]		**Eusebius ed. Schoene:**	
46, 17	CP 19 [9]. [10]		Hieronymus:	
46, 18	CP 16 [5]. 17 [1]. 19 [8]. 27 [4]		2, 133	CAT 3 [2]
			2, 141	CAT 30 [1]
46, 19	CP 17 [3]. 19 [1]. 19 [9]		**Eutropius:**	
			7, 3 u. 4	RS 24 [3]
46, 20	CP 21 [6]		**Festus ed. Müller:**	
46, 21	CP 16 [2]		233	CP 8 [6]
46, 22	CP 17 [7]. 28 [4]		355	PF 46 [2]
46, 23	CP 20 [3]. [6]. [7]. PF 26		**Florus ed. Halm:**	
			16, 5	RS 21 [3]
46, 24	CP 20 [5]. [6]. [8]		**Gellius:**	
46, 25	CP 20 [9]		2, 10	CP 33 [6]
46, 26	CP 18 [1]. 20 [9]		14, 7, 4	PF 33 [1]
46, 27	CP 18 [2]		15, 7, 9	CP 58 [2]
46, 29	CP 16 [3]		17, 27, 1	CAT 34
46, 38	CP 17 [4]. [5]		**Granius Licinianus ed. Bonn.:**	
46, 42	CP 61 [4]		42 sq.	PF 11 [6]. [9]
46, 45	CP 61 [6]. PF 29 [2]		**Horatius:**	
			Oden:	
46, 46	CP 20 [7]. 61 [9]		2, 1	CP 23 [2]. [3]. [4]
47, 8	RS 21		Carmen saeculare:	
48, 7	CP 27 [7]		37	RS 33
48, 20	CP 22 [7]		**Livius ed. Hertz:**	
53, 23	CAT 36 [1]		1, 5, 2	CP 18 [7]
53, 24	CAT 36 [1]		1, 17	CP 42 [3]. 62 [7]
80, 5	PF 27 [4]			
Diodorus Sic. ed. Dindorf:			1, 23, 31	CP 34 [9]. 60 [3]
14, 106	RS 45 [3]		1, 35	RS 42 [4]. 43
40, 1	PF 23 [6]		1, 80	CP 31 [4]
Dionysius Halicarn. Antiquitt. od. Kiessling:			1, 83	CP 31 [4]
			2, 33	PF 18 [7]
1, 32	CP 18 [7]		2, 43, 8—12	PF 32 [5]
4, 68	PF 18 [7]		2, 49	PF 13 [9]
5, 57	RS 39 [2]		3, 6, 9	PF 34 [1]

3, 14, 17	PF 35 [5]	37, 81	CAT 6 [1]
3, 15, 6	PF 47	\multicolumn{2}{l}{Plinius, epistolae ed. Keil:}
6, 41, 6	CP 62 [2]	1, 20	CP 7 [11]
6, 42	RS 41 [1]	\multicolumn{2}{l}{Plutarch:}
8, 40	RS 43 [1]	\multicolumn{2}{l}{Antonius:}
10, 47	RS 43	2,	CP 21 [3]
23, 23, 4	PF 20 [2]. 60 [3]	4,	CP 18 [5]
23, 18	PF 20 [2]	12,	CP 18 [7]
23, 30	PF 38 [4]	35,	CP 18 [3]
26, 23, 3	PF 33 [5]	\multicolumn{2}{l}{Caesar:}
27, 8	PF 20 [2]. 37 [1]	5, 1	CP 19 [6]
27, 11, 6	PF 35 [5]	7	RS 23 [5]
27, 21	PF 5 [1]	23	CAT 11 [1]. 14 [4]
30, 19	PF 5 [2]		
44, 44	RS 43	31	PF 44 [3]
38, 58	PF 13 [7]	61	CP 18 [7]
41, 14	PF 16 [1]	\multicolumn{2}{l}{Cato minor:}
42, 7—9	PF 38 [5]	5	RS 33 [4]
42, 15	PF 38 [5]	66	PF 22 [6]
42, 28	PF 38 [5]	\multicolumn{2}{l}{Cicero:}
42, 35	PF 37 [6]	19, 1	CP 20 [11]
45, 10	PF 38 [5]	39	CP 7 [9]
45, 16	PF 36 [9]	41	CP 17 [1]
\multicolumn{2}{l}{Periochae:}	\multicolumn{2}{l}{Marcellus:}
125	RS 24 [2]	12	CP 60 [3]. PF 38 [4]
126	RS 24 [2]		
\multicolumn{2}{l}{Lucanus Pharsalia:}	\multicolumn{2}{l}{Pompejus:}
9, 964	CP 31 [1]	15	PF 11 [5]
\multicolumn{2}{l}{Macrobius Saturnalia:}	54	PF 29 [3]
2, 4	CP 24 [10]	59	PF 44 [3]
\multicolumn{2}{l}{Nicolaus Damascenus ed. Müller:}	\multicolumn{2}{l}{Romulus:}
Fr. 100	CP 8 [2]	20	RS 36 [2]
\multicolumn{2}{l}{Julius Obsequens ed. Jahn:}	\multicolumn{2}{l}{Sulla:}
129	CP 61 [9]	8	PF 40 [2]
\multicolumn{2}{l}{Orosius ed. Zangemeister:}	28	PF 21 [5]
4, 18, 18	RS 24 [3]	38	PF 11 [5]
\multicolumn{2}{l}{Panegyrici ed. Bährens:}	\multicolumn{2}{l}{Polybius ed. Hultsch:}
8, 4	RS 6	3, 22	PF 18
\multicolumn{2}{l}{Paulus Diaconus:}	4, 26. 2	PF 9 [4]
4, 39	RS 35 [1]	4, 53	PF 36 [1]
6, 52	RS 35 [1]	\multicolumn{2}{l}{Pomponius:}
\multicolumn{2}{l}{Plinius, nat. hist. ed. Detlefsen:}	dig. 1, 2, 2	PF 16 [9]
Prooem. § 1	CAT 34	\multicolumn{2}{l}{Liber Pontificalis ed. Duchesne:}
3, 127	CAT 34	p. 363	RS 35 [1]
7, 54, 187	PF 11 [4]	\multicolumn{2}{l}{Quinctilian:}
35, 2, 6	PF 10 [4]	9, 2, 25	CAT 9 [3]
35, 164	CAT 6 [1]	10, 1, 101	RS 12

10, 1, 113	CP 23[6].24[4,5]	39, 4	RS 27[1]
11, 1, 38	CAT 18[2]	39, 6	RS 16
12, 1, 22	CP 27[2]	40	RS 15

Sallust ed. Jacobs-Wirz, bes. Dietsch:
Catilina:

1, 1—5	RS 25	43, 3, 4	CP 20[12]
		47	RS 23[5]
2, 7 bis 3, 1	RS 26	48	RS 18. 23[5]
3, 8	RS 13	48, 9	RS 16
3, 3	RS 13	50, 4	RS 23
4, 3	RS 13	53, 6	RS 18
5, 7	RS 6	54, 1	CP 34[1]
5, 6	PF 42[2]	54	PF 6[2]
11, 6	RS 19	55, 6	CP 20[12]
14, 2	RS 6	58—60	RS 17
14, 7	RS 16	Jugurtha:	
15	RS 17	c. 1 bis 5	RS 9 bis 11
17	RS 16	8, 2	RS 13
17, 3	CP 35[1]. PF 23[5]	11, 7	RS 7
		27, 2	RS 30[1]
17, 6	RS 17[2]	30, 4	RS 13. 30[1]
17, 7	RS 16	95	PF 13[7]
18	RS 17[3]	Historiae fg. 51 Dietsch RS 6	
20	PF 43[11]	Oratio Lepidi:	
20, 6	RS 6. 7	3	PF 43[10]
20, 7	RS 21. 27[1]	26	PF 43[10]
20, 9	RS 14	Oratio Philippi:	
21, 3	RS 16	21	CP 62[4]
22, 1, 3, 4	RS 16	Seneca rhetor ed. Bursian:	
23	RS 14	4 p. 32	CP 27[1,3]
23, 3	RS 19	4 p. 34	CP 58[4]
25	RS 15	6	RS 15
26, 3	RS 15	33	CP 24[11]. 27[5]
28, 2	RS 15. 27[2]	36	CP 27[7]
28, 3	RS 27[2]	37	CP 27[8]
28, 4	RS 24	38	CP 27[10]
29	PF 45[1]. RS 18	375	CP 27[6]
		Seneca philosophus:	
31	RS 18	de const. sap.	
32, 2	RS 16	1, 3	CAT 6[3]
35, 2	CP 15[7]	17, 3	CAT 6[3,9,2]
36, 4	RS 19	Servius für PF ed. Lion, für RS ed. Thilo:	
37, 1	RS 20		
37, 3	RS 20. 27[1]	1, 443	PF 46[6]
37, 4	RS 28. 27[1]	1, 447	PF 46[2,6]
38, 2	RS 27[1]	1, 434	PF 10[1]
38, 3	RS 21. 27[1,4]	1, 633	RS 32[2].36[1]
38, 4	RS 21	2, 226	PF 47[3]

zur Aeneis 5. 64 . . . PF 10 [1]
Spartian (Hist. Aug.):
  Caracalla: 6 . . . . . RS 6
  Helius: 6 . . . . . . RS 6
  Geta: 6 . . . . RS 6
Strabon ed. Meineke:
  2, 5, 8 . . . . CAT 15 [5]
  4, 5, 2 . . . . CAT 14 [15]
  4, 31 . . . . CAT 15
Sueton ed. Roth:
  D. Julius:
    21 . . . . CP 10 [2]
    39 . . . . RS 33 [4]
    47 . . . . CAT 15 [3]
    73 . . . . CAT 10 [2]. 16 [2]
    75 . . . . PF 22 [6]
  Augustus:
    2, 10 . . . . CP 8 [2]
    27 . . . . CP 61 [7]
    43 . . . . RS 34 [2]
    66 . . . . CAT 36 [1]
    73 . . . . RS 33 [4]
    95 . . . . CP 61 [10]
  Tiberius:
    1 . . . . PF 9
    3 . . . . CAT 39
    6 . . . . RS 34 [3]
  Nero:
    7 . . . . RS 34
  de grammaticis:
    10 . . . . CP 23 [8, 9]. 24 [12]
Tacitus:
  Agricola:
    12 . . . . CAT 15 [3]
  Annales = Ab excessu D. Augusti:
    1, 1 . . . . CP 31 [3]
    1, 2 . . . . PF 25 [3]
    1, 12 . . . . CP 24 [6]
    1, 13 . . . . CP 29 [2]
    3, 58 . . . . CP 59 [5]
    4, 29 . . . . PF 45 [4]
    4, 34 . . . . CP 23 [5]

    11, 6 . . . . CP 24 [4]
    11, 11 . . . . RS 34 [4]
    11, 22 . . . . PF 16 [10]
    11, 25 . . . . CP 8 [3]. 10 [3]
    12, 58 . . . . PF 13 [3]. CP 31 [1]
  dialogus:
    21 . . . . CP 23 [6]. CAT 9 [3]
    25 . . . . CP 24 [1, 2, 3]
Terentius ed. Fleckeisen:
  Eunuchus:
    4, 7, 2 . . . . RF 46 [6]
Valerius Maximus:
  15, 1 . . . . PF 10 [2]
Varro:
  de latina lingua ed. Spengel:
    8, 2 p. 393 . . . . . CP 56 [5]
Vellejus Paterculus:
  2, 48, 5 . . . . . . PF 44
  2, 68 . . . . CP 24 [8]
  2, 74 . . . . RS 21 [2]. 22
  2, 75 . . . . RS 22. 24 [3]. 25
  2, 76 . . . . RS 22 [1]
  2, 86 . . . . CP 25 [3]
Vergil:
  Bucolica:
    8, 6—12 . . . . . . CP 28 [1]
  Georgica:
    1, 464 . . . . PF 47
  Aeneis:
    5, 210 . . . . RS
    5, 239—243 . . . . . RS 31
    5, 550—602 . . . . . RS 32. 34
    6, 857 . . . . PF 47
    7, 614 . . . . PF 46
    8, 4 . . . . PF 46 [5]
Verrius Flaccus: . . . RS 44
Zonaras ed. Dindorf:
  7, 13 . . . . PF 36
  7, 26 . . . . PF 37
  10, 21 . . . . RS 24 [3]

II. Personennamen.

Das nachfolgende Register soll zugleich eine Uebersicht der Gentilverhältnisse während der römischen Republik bieten, soweit dieselben in den vier Untersuchungen CP, PF, CAT, RS erörtert worden sind. Desshalb wurden die eigentlichen Gentes, auch wenn nur patricische Familien aus denselben literarisch überliefert sind, oder in den von mir behandelten Zeiten nur plebejische Familien, derart veranschaulicht, dass die betreffende Gens mit fetter Schrift erscheint, die ihr zugehörigen patricischen Familien in einfach gesperrter, die plebejischen Familien in nicht gesperrter Schrift. Plebejer, deren Namen in Rom patricisch überhaupt nicht oder nicht sicher nachweisbar sind, werden nur mit masculinischer Nennung des Gentilnamens bezeichnet. Alle Familien treten als Theile der Gens dadurch hervor, dass ihre Namen unter Freilassung des Gentilnamens rechts unter demselben erscheinen. Die Vornamen sind, wenn überhaupt, so je nach Bedeutung der Sache rechts neben den Familiennamen (das sogenannte cognomen) oder vor denselben, zuweilen auch vor den Gentilnamen gesetzt. Bei den Familien, deren Zugehörigkeit zum Patriciate ganz oder für eine bestimmte Zeit zweifelhaft ist, wurde dies durch ein beigesetztes (?) angedeutet. Nichtrömische Namen erscheinen in eckigen Klammern ⟨ ⟩.

Aelius Ligus PF 16.
Gens Aemilia CP 56 [5]. PF 8.
  Aemilius PF 4 [1]. CAT 32.
  Lepidus CP 17. 20. 25. 29. 31 [3]. 36. 46. 63. PF 11. 29 [3]. 30. 41.
    42. 43 [10]. 45. CAT 3. RS 2. 17. 26. 28.
  Paullus CP 46. PF 24.
  Scaurus CP 39. 42. 57. PF 40. 40 [2, 4, 5, 6].
⟨Aeneas⟩ CP 31 [1].
Alfenus CAT 36.
Allius CAT 26. RS 1.
Annius Milo CP 22. 64. PF 29 [3]. 31 [4].
⟨Antiphon⟩ RS 13.
L. Antonius RS 8. 18. 19. 20. 21. 22. 24. 27.
M. Antonius CP 6. 8. 9 [3, 4]. 11. 12. 13. 16 [4]. 17. 18—22. 25. 26.
  29. 30. 30 [7]. 31. 31 [5]. 38. 50. 55. 58. PF 7 [4]. 9. 25 [1].
  46 [3]. CAT 6. RS 16. 17. 19. 20. 21. 26. 28.
Apulejus Saturninus CP 57. PF 39.

Arunculeja CAT 32.
Asconius RS 31. 36. 41.
(Pseudo-) Asconius RS 39. 40.
Asinius Pollio CP 23 bis 28. PF 29. RS 20.
    Gallus PF 29.
Asprenas (cf. Nonius) CAT 6 [1].
Atii RS 31.
  Atia RS 31.
Augustus vgl. Octavian.
Aurelius Cotta CP 24. 31. CAT 24.
Caecilius Q. Metellus Celer CAT 38.
       Metellus Scipio CP 48. 53 [11]. PF 15 [1]. 32.
(Papst Benedict II.) RS 35.
M. Caelius Rufus CP 48. CAT 18. 23. 36. 41. 44 [6].
Calpurnius CAT 7.
    C. Piso CP 38 [2]. 58.
    Piso Caesoninus CP 10. 11. 46.
Gens Cassia
    Cassius CP 8.
    C. Longinus CP 11. 23 [5]. 56. PF 13.
    (Vecellinus) Sp. CP 9 [2]. PF 26 [4].
Catilina vgl. gens Sergia.
Cato vgl. Porcius und gens Valeria.
Cinna vgl gens Cornelia und Helvius.
Cocceius Nerva CP 25.
Gens Claudia CP 56 [5]. PF 8. Claudii RS 22 [2].
    (Centumalus) Caecus PF 9. 21. RS 22 [2]. 30. RS 22 [2].
    Marcellus CP 4. 5. 31 [6]. 60 [2]. PF 5. 13. 39. RS 22 [2].
    Nero
        Appius RS 23.
        Tiberius RS 22. 23 [4]. 24. 28.
        Kaiser Tiberius PF 10. 45. RS 34.
        Kaiser Claudius PF 10.
    Pulcher CP 64 [7]. CAT 38. 39 [3].
        Appius CP 39. 41. 41 [2]. 42. 51 [2]. 53 [11]. 54. 55. 55 [2]. 64 [7]. PF 23. 41.
        Gajus CP 39. 64.
        Publius (Clodius) CP 12 [2]. 22. 39. 41. 42. 44. 63. 64. PF 13. 23. 29. 31 [4]. 42. RS 2. 15. 21. 22.
        Claudia (Clodia) CP 42. CAT 28—30. 38. 39 [3]. RS 8.
Gens Cloelia CP 93.
A. Cluentius CP 7 [11]. RS 31.
Gens Cornelia CP 56 [5]. PF 8. 20.
    C. Balbus CAT 16. 17 [2,3]. 17. 19 [2].
    Cethegus CP 20 [12]. 65. RS 11 [2]. 16.
    Cinna (cf. Helvius) CP 31. 31 [4]. PF 20. 40.
        Cornelia, Caesars Gemahlin CP 31 [4]. CAT 32.

P. Dolabella CP 11³. 31. 51¹. 64. 54. 55. 55¹¹. 56. 56⁴. PF 23. 25⁶. 27.
Lentulus CP 20¹². 21. 21⁴,⁶. 22, 53. 53². 54. 55⁸. 57. 65. PF 5. 25. 39. CAT 36. RS 14². 20. 21.
    Clodianus PF 5. 24. 41.
    Crus CP 46. 53¹¹. PF 5.
    Lupus CP 21⁵.
    Marcellinus CP 46. PF 5. 20. 25⁶.
    Niger PF 5.
    Spinther (?) CP 44. 46. 46⁵,⁶. 53¹¹. PF 5. 20. 23. 24. 25⁶.
    Sura CP 20. 31⁴. 45. PF 5. 41. RS 16.
Maluginensis PF 10.
Merula CP 59².
Nepos CAT 33.
Scipio PF 13. 20. 25. 39. 40. CAT 37.
    Africanus CP 10. 11. 38. 54. 57. RS 10.
    Asius PF 5³. 11.
    Asiaticus PF 20.
    Nasica PF 11.
    Nasica Serapio CP 75. PF 5².
Sulla PF 11. 12. 13. 20. 21. 30. 32. 40. 40². 41. 43. 45. RS 10. 16. 19—24. 36.
C. Cornelius CAT 7.
Cornelia CP 46.
Gallus CAT 35. 36¹.

Cornificius CP 58.
Cremutius Cordus CP 24.
Curius RS 16.
Gens Curtia CP 56⁵. PF 8.
    Postumus (?) CP 48². PF 5. 7. 13. 14.
        Gajus PF 7⁴. CP 35.
        Gnaeus PF 7.
        Marcus PF 7².
        Quintus PF 7.
    Rufus CAT 37.
(Cyrus) RS 25.
(Cytheris) CP 329.
Dejotarus) CP 6.
(Demosthenes) CP 15.
L. Domitius Ahenobarbus CP 25. 36⁶. PF 7. RS 10. 27. 30.
    Kaiser Nero PF 11. RS 22.
Gens Fabia
Fabii PF 13.
    Maximus
        Q. Cunctator PF 24. RS 10.
    Q. Pictor PF 12. 19. RS 36—40, 42. 44.

Sanga CP 47.
Fannius CAT 7.
Q. Fufius Calenus CP 9¹. 9. 10. 11. 12. 12². ⁴. ⁵. ⁷. ⁸. 13². 14. 15³. 16. 17. 18. 18². 21⁴.⁶. 22. 28. 57. PF 7. RS 21.
Gens Furia CP 5². 56². PF 8.
      P. Crassipes CP 52. 52³. 53. 56⁶. PF 5. 14. CAT 24, 32.
Fulvia RS 15. 16. 19. 20. 21. 22. 24.
Fulvius Nobilior RS 19.
Fulvius RS 19.
C. Helvius Cinna CAT 23.
Hercules CP 18.
Gens Herdonia
      Appius PF 35. 47.
Hirtius CP 31.
Gens Horatia
      Cocles CP 9².
Hortensius CP 43. 47.
Gens Julia CP 56². PF 8.
      Caesar
          Gajus PF 21.
          Gajus. Imperator Caesar CP 4³. 5. 6⁴. 7. 8. 11⁴. 12⁶. 19. 22. 24. 26. 31. 34¹. 36. 42. 58. 60. 65. PF 7. 23. 28. 33. 35. 40. 42 bis 46². CAT 2 bis 12. 16 bis 18. 20.
          Lucius CP 38¹. 53. 59. PF 22.
          Sextus PF 21.
      Julia stirps PF 13. 21.
      Julii PF 13.
      Jullus RS 32.
Gens Junia PF 16. 18. 19.
      Brutus PF 16 bis 20.
          Decimus CP 18¹. 18. PF 20. RS 15.
          Decimus Scaeva PF 18. 19.
          Marcus CP 13⁴. 22. 23⁵. 48.
          Bubulcus PF 17.
      Norbanus PF 19.
      Pennus PF 19.
      Pera PF 19.
      Pullus PF 19.
      Silanus PF 19.
(Kaiser Konstantinos Pogonatos) RS 35.
Cn. Lentulus CP 55.
Lesbia vgl. Claudia
Lesbius vgl. gens Claudia unter Pulcher.
Licinius
      L. Murena CP 32. 33.
      C. Calvus CAT 9. 23. 32.
      M. Crassus CP 44. PF 4¹. RS 16. 20.

Livius CAT 39.
Kaiserin Livia CAT 39. RS 22 ?.
Livia CP 55.
Livius Drusus CAT 39.
Qu. Lutatius Catulus CP 57. 58.
Maecenas CP 25.
Sp. Maelius CP 9 [3].
M. Mamurra CAT 10. 13. 16. 17.
Gens **Manlia** CP 56 [5]. PF 8. 9. CAT 21. 25 bis 30. RS 15. 16.
  Manlius PF 26 [4].
   Acidinus RS 14. 16. 24.
    Gajus (Centurio) CP 46 [4]. RS 16.
    Gajus CP 46 [5].
   Torquatus CP 21 [1]. PF 26 [4]. RS 3. 4. 5. 23 [2]. 28.
    Aulus CP 32. CAT 21 [2]. 22 [1]. 35. 51. 53. PF 29 [4]. 45.
    Lucius CP 46. 53 [1]. PF 22. 22 [2]. CAT 22 [1].
Gens **Marcia**
  Philippus PF 11. CP 38.
Marius CP 31 [4]. 57. PF 11. 38 [1]. 39. 41.
Gens **Mucia** PF 20.
  Cordus Scaevola PF 20.
  Scaevola PF 20.
Memmius RS 30. 30 [1]. 31.
Mithridates PF 40 [5]. RS 19.
Nonius CAT 5. 6.
Nonius Asprenas CAT 6 [1].
Octavius RS 30.
  Octavian, Augustus CP 8 [2]. 11 [2]. 17. 18. 20. 22. 24. 25. 26. 58. 59.
    61. 62. 63. PF 7. 23. 29. 45. RS 1. 11. 27. 28 bis 30. 31.
  C. Octavius CP 38. PF 40.
Ortalus CAT 31 [1].
Gens **Papiria** CP 56 [5]. PF 8. 19 [3]. 32.
  Maso PF 15. 16. 20.
  L. Paetus (?) CP 48 [2]. PF 15. 16.
(Philiskos) PF 27.
(Phrynichos) RS 12.
Gens **Pinaria** CP 56 [5]. PF 8. 11.
  L. Natta PF 7. 11. CP 34 [4]. 35 [1]. 47. PF 15.
  Scarpus PF 7. 11.
M. Popillius Laenas PF 38 [5].
Porcius
  M. Cato (Censorius) CP 37. PF 6. 18. 38.
  M. Cato (Uticensis) CP 33. RS 18.
Gens **Postumia** CP 56 [5]. PF 8.
  Albinus PF 29. CAT 37.
   Gajus CAT 37.
  A. (Albus Regillensis) RS 38 fg. 44.

Postumia, Ser. Sulpicius Rufus' Gemahlin, CP 32 ⁵. CAT 32. 37.
Postumia, Sestius' Mutter, CAT 37. RS 8.
Postumius CAT 37.
Pompejus CP 5 ³. 9. 36. 42. 43. 45 ⁷. 58. PF 29 ⁴. 31. 32. 41. 47.
        CAT 10. 11. 16. RS 19. 20. 27.
Publilius Philo PF 18.
M. Pupius Piso CP 58.
Gens Quinctia CP 56 ⁵. PF 8.
    Quintia CAT 38.
    Quintius CAT 32. 38.
Gens Quinctilia CP 56 ⁵. PF 8. 13. CAT 23. 37.
    Varus PF 9. CAT 36.
Rabirius PT 22. 22 ³.
Romulus CP 50 ¹. ⁴. PF 21. 32. RS 36.
Roscius CP 42.
P. Rullus PF 28 ⁴.
Sallust CAT 5 ³. RS 7.
Salvius CP 10.
Gens Sempronia CP 56 ⁵. PF 8. 13.
    Atratinus CP 48. PF 5. 9. 14. 15. RS 55.
        Sempronia (?) RS 15. 16. 55.
    Gracchus
        Gajus CP 57. PF 22. 39.
        Tiberius CP 60 ³. PF 39. RS 13.
Gens Sergia CP 56 ⁵. PF 8. 9. 13.
    Catilina CP 15 ⁷. 16 ⁴. 20 ¹⁰. ¹². 21. 22. 34 ¹. 35 ⁴. 47. 65. PF 9.
        25. 27. 42. 45. RS 14. 15. 16. 17. 19. 20. 24.
    Orata CP 50 ¹².
Gens Servilia CP 56 ⁵. PF 8. 9.
    Caepio CP 48. PF 19. 29 ⁴.
    Geminus (?) PF 5.
    Vatia Isauricus CP 57.
P. Sittius RS 16.
L. Statius Murcus RS 27.
Gens Sulpicia CP 56 ⁵. 32. PF 8.
    Galba CP 53 ¹¹. 57. PF 37.
    Rufus
        Publius CP 38.
        Servius CP 32 bis 34. 36 ⁵. 37. 38 ¹. ². 40. 48. 49. 51. 54.
        63. 64. 64 ².
König Tarquinius CP 50. RS 12.
Terentia CP 47. 55. 55 ². 62.
M. Terentius Varro CP 58. PF 33. 46 ².
Tiro PF 44.
Kaiser Titus CAT 34. 35.
Trebonius CP 50.
Gens Tullia CP 56 ⁵. 37. 51. 51 ². 53. 53 ⁵. PF 8.

(Longus) PF 14.
M. Tullius Cicero passim CP 12.
Q. Tullius Cicero PF 7⁴. 20. CAT 12. 14. 22. RS 17. 20.
Gens Valeria CP 56⁵. 64⁷. PF 8.
    Cato (grammaticus) CAT 20. 23.
    Catullus(?) CAT 21.
    Flaccus PF 30. 38. CP 43. 44. 57. 62².
    Messalla Corvinus CP 27. 43.
        Niger CP 42. 43. 43³,⁴,⁷,¹¹.
    Triarius CAT 21.
L. Varius Cotyla CP 11.
Verres CP 40. 44.
Kaiser Vespasian PF 10.
Gens Veturia PF. 8. 9. 13.
Vinia cf. Arunculeja
Vibius Pansa CP 10. 13.
(Vsevolod), Grossfürst RS 34⁵.
L. Vulcatius Tullus CP 36⁶.

    Anmerkung: In beiden Registern sind fehlerhafte Ziffern der Citate, welche sich in den vier Abhandlungen finden, berichtigt.

Inhalt.

	Seite
Vorwort	1
§ 1. Zu Catull's achtundsechzigstem Gedichte	2—6
§ 2. Sallust's Verhältniss zu Catull	6—9
§ 3. Die Abfassungszeit von Sallust's Catilina	9—28
a) Sallust's literarischer Entschluss	9
b) Sallust's politische Empfindung	11
c) Verhältniss zu Thukydides	12
d) Sallust als Staatsbeamter	13
e) Sallust's authentische Nachrichten	14
f) Vorführung von Patriciern im bellum Catilinae	16
g) Auftauchen der Vergangenheit in der Gegenwart	18
h) Die politischen Zustände im Jahre 40 vor Chr.	20
i) Fulvia	21
k) Kategorien der Rebellen	22
l) Zur Exegese der Einleitung	25
m) Spätere Parallelschilderungen	27
§ 4. Die Entstehung des Troja-Spieles	28—37
§ 5. Ursprung der römischen Spiele	37—44
§ 6. Veränderter Charakter der römischen Spiele	44—47
Kunsthistorische Ergänzungen zu § 4 vom Troja-Spiele	47—55
Verbesserungen	55
Register über die, in den vier von dem Patriciate der altrömischen Republik handelnden Abhandlungen besprochenen	
I. Stellen aus römischen und griechischen Autoren	56—67
II. Personennamen	68—74

Ausgegeben am 21. Jänner 1891.